PSIQUE E FAMÍLIA

Dados Internacionais de Catalogação na Publicação (CIP)
(Câmara Brasileira do Livro, SP, Brasil)

Psique e família : aplicações junguianas à terapia familiar / editado por Laura S. Dodson e Terrill L. Gibson ; tradução de Jacqueline Valpassos. – Petrópolis, RJ : Vozes, 2022. – (Coleção Reflexões Junguianas)

Título original: Psyche and family
ISBN 978-65-5713-695-9

1. Psicologia junguiana 2. Psicoterapia familiar
I. Dodson, Laura S. II. Gibson, Terrill L. III. Série.

22-110550 CDD-616.89156

Índices para catálogo sistemático:
1. Psicoterapia familiar : Ciências médicas
616.89156
Cibele Maria Dias – Bibliotecária – CRB-8/9427

Editado por Laura S. Dodson e
Terrill L. Gibson

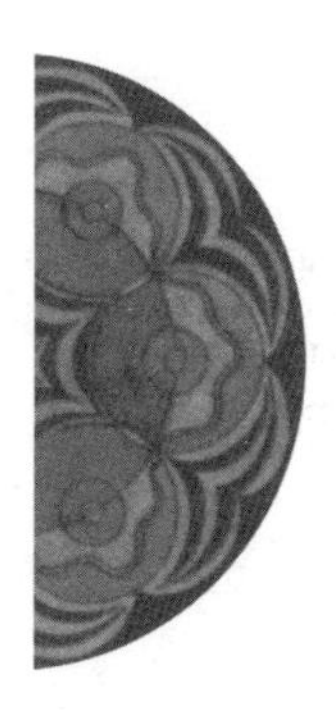

PSIQUE E FAMÍLIA

Aplicações junguianas à terapia familiar

Tradução de Jacqueline Valpassos

Petrópolis

Tradução realizada a partir do original em inglês intitulado *Psyche and Family. Jungian Applications to Family Therapy.*

Direitos de publicação em língua portuguesa – Brasil.
2022, Editora Vozes Ltda.
Rua Frei Luís, 100
25689-900 Petrópolis, RJ
www.vozes.com.br
Brasil

Editoração: Maria da Conceição B. de Sousa
Diagramação: Sheilandre Desenv. Gráfico
Revisão gráfica: Rúbia Campos
Capa: Editora Vozes
Ilustração de capa: Mandala produzida por uma paciente de Jung e reproduzida por ele em *Os arquétipos e o inconsciente coletivo*, vol. IX/1 das Obras Completas. 5. ed. Petrópolis: Vozes, 2007, p. 341, nota 182.

ISBN 978-65-5713-695-9 (Brasil)
ISBN 0-888602-02-3 (Estados Unidos)

Este livro foi composto e impresso pela Editora Vozes Ltda.

Sumário

Prefácio à edição brasileira

*Paula Pantoja Boechat**

O livro *Psique e família – Aplicações junguianas à terapia familiar* foi traduzido e lançado pela Editora Vozes no momento certo.

Cada vez mais, nós, analistas junguianos, estamos recebendo famílias e casais em busca de terapia. As relações, e não somente os indivíduos, também precisam ser tratados. Ou melhor, se as relações entre os indivíduos forem trabalhadas, cada pessoa poderá encontrar mais facilmente o seu único e próprio processo de individuação.

Em 1907, C. G. Jung escreveu um texto que denominou *A constelação familiar*. Nesse texto ele diz que, depois de analisar o Teste de Associação de Palavras que aplicou em pessoas da mesma família, observou que havia complexos comuns entre elas (OC 2).

---

* Médica (UFRJ), analista junguiana, membro fundador da Associação Junguiana do Brasil (AJB) e do Instituto Junguiano do Rio de Janeiro (IJRJ), membro da International Association For Analytical Society (Iaap), mestre em Psicologia Clínica pela PUC-RJ, especialista em Terapia Familiar Sistêmica, autora de artigos e do livro *Terapia familiar: mitos, símbolos e arquétipos* (Rio de Janeiro: WAK). Coordena cursos de formação em Terapia Familiar Sistêmica e Junguiana.

Quando trabalhamos com crianças notamos claramente essa "contaminação psíquica" dos filhos pelos problemas dos pais, mesmo quando nada é verbalizado. Pode não haver briga na frente dos filhos, mas as frustrações e a atmosfera de incompreensão entre os pais são percebidas com muita clareza pelas crianças.

Jung (1931), no seu livro *O desenvolvimento da personalidade* nos diz:

> O que geralmente tem o efeito psíquico mais forte na criança é a vida que os pais (e ancestrais também) não viveram. Esta afirmação seria, na verdade, descuidada e superficial se a ela nós não acrescentássemos à guisa de qualificação: aquela parte de suas vidas que deveria ter sido vivida, não fosse por alguma desculpa trivial que se criou para não fazê-lo (OC 17, § 88).

Mas, mesmo nas relações familiares dos adultos existe uma contaminação psíquica importante. Assim como as crianças assimilam os problemas e complexos da família, os adultos também repetem muitas vezes comportamentos de seus pais ou ancestrais.

A Terapia Familiar Sistêmica, que teve início na década de 1950 em Palo Alto, Califórnia, diz que se olharmos a família como um sistema perceberemos que ela funciona de maneira que, qualquer alteração em algum elemento alterará todo o sistema. Portanto, o comportamento de uma pessoa dentro de uma família é dependente do comportamento dos outros membros.

Podemos perceber essas influências quando, mesmo atendendo um paciente em terapia individual, são relatadas mudanças em sua família. Sejam mudanças em relação às relações, sejam no sentido de tentar sabotar a terapia do paciente porque se sentem atingidos e forçados a se modificarem – não é isso que desejam. Muitas pessoas na família – ou melhor dizendo, naquele sistema familiar – gostariam de pensar que só aquele que foi procurar terapia tem problemas, mas em geral todos precisam se modificar de alguma forma, até para aceitar as mudanças daquele que foi procurar a terapia individual.

A meu ver, a teoria junguiana serve muito bem para o trabalho com casais e famílias, por ter pontos em comum com a teoria sistêmica.

Jung (1928-1930), em seu livro: *Seminários sobre análise de sonhos,* diz:

> Chegamos aqui a uma consideração mais importante: o fato de que, quando analisamos pessoas casadas, ou pessoas que estão em íntimo relacionamento, mesmo se não for casamento, não podemos simplesmente lidar com a psicologia delas como um fator isolado; é como se estivéssemos lidando com duas pessoas e é extremamente difícil distinguir o que concerne ao indivíduo do que é do relacionamento. Invariavelmente constatamos que a suposta psicologia individual em um caso assim só é explicável sob o pressuposto de que outro ser humano está funcionando naquela mente ao mesmo tempo; em outras palavras, é psicologia do relacionamento, e não a psicologia de um indivíduo humano isolado (pp. 525-526).

As famílias e os casais estão mudando, mas ainda são as bases da sociedade. No meu entender, trabalhar os indivíduos e também as famílias será uma das grandes opções necessárias ao futuro da psicologia junguiana.

Referências

Bateson, G, Jackson, D., Haley, J., & Weakland, J. (1956). Towards a Theory of Schizophrenia. *Behavioral Science, 1,* 251-264.

Jung, C. G. (2014). *Seminários sobre análise de sonhos – Notas do seminário dado em 1928-1930 por C. G. Jung*. Vozes.

Jung, C. G. (2010). *Estudos experimentais*. *O. C.*, 2. Vozes.

Jung, C. G. (2010). *O desenvolvimento da personalidade*. *O. C.*, 17. Vozes.

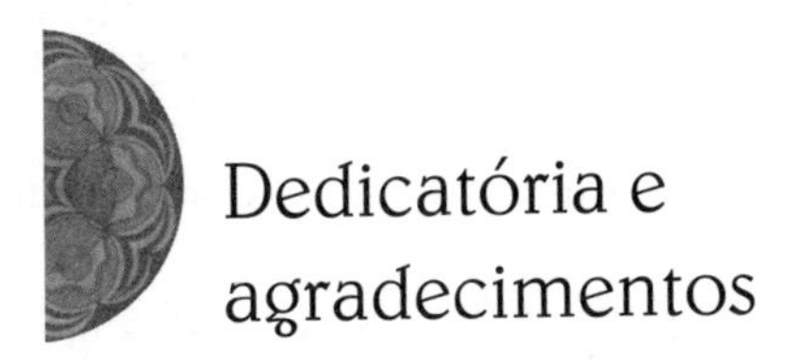

Dedicatória e agradecimentos

Este livro é fruto de minha vida com pais e irmãos, e de meu relacionamento com meu marido, George, e meus filhos, Jon e Corina. Agradeço a todos por serem um teatro de aprendizagem para a minha vida, com altos e baixos, com intenções positivas e com amor. Desejo agradecer aos meus clientes, que são meus professores constantes. Profissionalmente, Virginia Satir foi minha professora no primário, colega e amiga nos 24 anos antes de sua morte, em 1988. Ela acrescentou tempero e humor ao meu treinamento e análise na obra de Freud. Em seus últimos anos, compartilhamos trabalho de sistemas de uso internacional e colaboramos para expandir o pensamento dos sistemas familiares para o mundo como um sistema.

Um professor de profunda importância para mim foi James Hall, com quem estagiei depois de estudar no Instituto Jung em Zurique durante nos anos de 1972 e 1973. Acheguei-me a Jung vinda de uma imersão na psicanálise freudiana e na prática e teoria dos sistemas familiares, psicodrama e terapia de grupo.

James Hall me ajudou a integrar Jung e sistemas. Junguianos com paixões semelhantes, como Marian Woodman, também me inspiraram ao longo do caminho. Meus queridos colegas russos e da Europa Oriental – para os quais sistema, espiritualidade e cultura *são* psicologia – me inspiraram e contribuíram muito para minha prática, minha família e minha vida.

É a esses amigos, familiares, clientes e colegas que dedico esta obra. Obrigada por confiar em mim.

Laura Dodson

* * *

A vida é alquimia e a família é seu vaso cratera. E eu tinha todas as "minhas famílias" reunidas ao meu redor enquanto montava esta seleção com Laura. Sou grato por meus ancestrais em Kansas, Kentucky, Escócia, Prússia e Nação Cherokee. Eu ouvi suas vozes de fazendeiro, caçador, médico, poeta, tecelão e músico entre cada linha deste texto. Estou aprendendo cada vez mais a ver as bênçãos ocultas em tudo o que minha família de origem e eu lutamos para dizer e ver através de todos esses anos de convivência e cossofrimento.

Sou impelido, muitas vezes além da imagem e da palavra, por uma família extensa e rica de mentores e colegas que ajudaram a moldar minha alma profissional ao longo das décadas, especialmente John Allan, Jim Aylward, Doug Anderson, Harrell Beck, Louise Bode, Pamela Burdick, Will Dixon, Katherine Dyckman, Barbara Fisher, Gene Harvey, Jud Howard, Pat Hudson, Jim Ingersoll, Homer Jernigan, Merle Jordan, Neal Kuyper, Russ Lockhart, Penny Matthews, Wayne McCleskey, Mary Mulig, Mel Ritchey, Don Smith, Duane Spiers, Orlo Strunk, Bob Stuckey e muitos outros. Minha família de trabalho mantém viva minha visão de sistemas: meu "irmão" Jerry Smith, Ted Brackman e Bob Houk.

Meus colegas de profissão na American Association of Pastoral Counselors, Northwest Pastoral Counseling e Jungian Analysts – North Pacific são famílias de alma centrais para mim. Charles Chipps e minha "família" Lakota Sioux foram inestimáveis para me lembrar das raízes tribais ainda vivas em todos no planeta.

E um agradecimento especial àqueles que tão corajosamente compartilharam e desnudaram sua psique familiar para mim ao longo desses muitos anos terapêuticos. E à minha companheira de vida, Rosa Beth, que sonha novas visões de família ao meu lado, todas as noites.

Um abraço especial a todas as crianças que mantêm meu espírito renovado, às minhas afilhadas e afilhados, sobrinhas e sobrinho. Obrigado, obrigado a todos – vocês são as notas de rodapé e a bibliografia vivas deste livro.

Terrill Gibson

Introdução

Laura Dodson
Terrill Gibson

Sempre há revoluções e revelações na psicoterapia. Este é o traço instintivo de uma disciplina dinâmica. Mas essas revoluções e revelações sempre se expõem como simples redescobertas de antigos processos forjados e depois esquecidos.

À primeira vista, parece uma revolução improvável casar a terapia familiar com a análise junguiana – tanto conceitual quanto desenvolvimentalmente. Ambas as disciplinas exibiram, em tempos recentes, seu estofo jovem e independente. Embora não seja uma juventude medida em anos, foi apenas recentemente que a análise junguiana conquistou mais prestígio e respeito públicos, após anos como o segredo embaraçoso e místico do armário analítico da família. A análise junguiana vem se sentindo confiante e quer seu lugar de direito na academia. Em muitos sentidos, a análise junguiana deseja a adolescência e o reconhecimento público negados por muitos anos.

A terapia familiar, também, muitas vezes alardeia sua jovem e orgulhosa autoconfiança e sua completude. De um modo geral se acredita que é um sistema totalmente novo de visão do mundo, uma impactante "mudança de paradigma", e que precisa se divorciar de seus pais analíticos e de suas ideias antigas provenientes de um passado clínico desatualizado.

Mas é o vigor desenvolvimental e conceitual em cada disciplina que torna atraente a ideia de casar suas energias e abordagens. Ambas oferecem visões abrangentes e inclusivas do terreno clínico, que convidam a uma ampla especulação e diálogo interdisciplinar. Ambas respeitam e até exigem uma visão de mundo que vai muito além da superfície de uma economia de tratamento exclusivamente intrapsíquica. Para o junguiano há um vasto inconsciente coletivo, uma psique objetiva, além do muro do jardim do inconsciente pessoal. Para o terapeuta familiar existe uma vasta teia interligada de ser e significado além do centro dos laços individuais da família nuclear. Para ambos os modelos, a psique se estende em um número infinito de direções interpenetrativas, de formas que são ao mesmo tempo lineares e simultâneas. Ambos os sistemas amam essa ambiguidade e procuram companheiros estranhos como físicos modernos, ancestrais totêmicos e biólogos para explorar descobertas e questionamentos. E ambas as disciplinas são cada vez mais humildes por reconhecer que, aquilo que antes pensavam ser revolucionário em seus esforços são, na verdade, a improvisação mais recente de antigos temas de mito e cultura de cura.

Pretendemos que este livro seja de amplo interesse para consumidores e profissionais da arte da psicoterapia. Alimentamos o desejo especial de que o terapeuta dedicado à psicoterapia profunda, o terapeuta matrimonial e o terapeuta familiar reconheçam a paixão comum que compartilham pelo processo de individuação único que só pode ocorrer em algumas de suas dimensões no relacionamento. Por um longo período, as psicoterapias profundas seguiram o exemplo de seu pai fundador Freud e se concentraram em uma análise prolongada das economias intrapsíquicas, o mundo externo sofrendo um pronunciado empobrecimento teórico em escritos analíticos. Por um tempo, o campo da terapia familiar caminhou unicamente na direção de um desdobramento estratégico e estrutural de intervenções tecnológicas dentro do sistema familiar, o mundo interno da experiência individual dentro do sistema familiar sofrendo uma grave negligência teórica e prática.

Mas, então, um grande salto de conexão aconteceu para romper o isolamento entre os dois, no florescimento do pensamento das relações de objeto que originalmente se enraizou na Grã-Bretanha nos anos de 1940. Os analistas aproveitaram as relações objetais para adaptações clínicas inovadoras e muitas vezes impressionantes de suas psicologias do eu nas décadas de 1970, 1980 e 1990. Ao mesmo tempo, os terapeutas sistêmicos adotaram noções de identificação projetiva da psicologia das relações de objeto, enfatizando os espelhos amplificadores entre as imagens interna e externa e o comportamento.

Ambos os campos têm descortinada agora diante de si uma rica paisagem de possível colaboração e revigoramento clínico mútuo. Novas tendências e trajetórias comuns estão se revelando em um mundo clínico cada vez mais focado no pensamento holístico. Ambos os campos estão integrando espiritualidade à práxis diária, ambos são impactados pelos pensadores do caos e da relatividade, e ambos estão reconhecendo a centralidade de encontrar e se aliar à essência do próprio processo de mudança. Ambos os movimentos acham cada vez mais fácil reimaginar a encenação clínica que tenta recuperar "o mundo como um sistema total" (Boulding, 1985).

Estamos vivendo no início de uma empolgante era pós-preconceito. Este é um período significativo na história para as profissões multigeográficas e multiteóricas da psicologia. O fanatismo disciplinar está sendo substituído por admiração e abertura interdisciplinar. As nações da Europa Oriental, que desenvolveram uma psicologia isolada do orgulhoso individualismo de Freud, estão desafiando o Ocidente com integrações que são ao mesmo tempo mais acessíveis e místicas. A queda do Muro de Berlim, o golpe fracassado na Rússia e a luta aberta quanto à identidade cultural na Bósnia nos desafiam a uma psicologia global que vai além do crescimento individual para a mudança de sistemas em todos os níveis.

O movimento de terapia familiar de Georgetown, iniciado por Murray Bowen, tem um interesse profundo e crescente na contribuição das ciências naturais e evolutivas para o projeto da psicoterapia. O trabalho de Virginia Satir, com suas contribuições significativas sobre os sistemas familiares, ampliou o diálogo para incluir a psicologia espiritual e os sistemas culturais. Os programas da Wesley College no Stone Center estão rompendo as costuras relacionais das visões de mundo convencionais da psicologia profunda. O raio da mudança está atingindo o terreno da prática ao nosso redor.

Examinando melhor, entretanto, esse casamento entre terapia familiar e análise junguiana não há nada de estranho. Este livro incentiva esses dois jovens sistemas a dançarem juntos por algum tempo nestas páginas, para compartilharem um evento de diálogo e ver quais novas associações, percepções e criações podem enriquecer seus métodos e missões combinados. As melhores coisas, de bons casamentos à paz mundial, muitas vezes são fruto de encontros assim, vigorosos, relaxados e com toques de eros. Afinal, a psicoterapia trata de criar revoluções perpétuas e curativas, trabalhando com a psique onde quer que ela apareça: em um sonho ou na família.

Este livro tenta entrar com cuidado nessas águas revoltas com uma série de ensaios simples, focados e levemente provocativos que sugerem um pouco do alcance revolucionário dessas mudanças conceituais. Os dois editores, Laura Dodson e Terry Gibson, começam com descrições das formas como procuraram alargar o campo analítico individual para abranger o casamento, a família e o mundo sistêmico. Ambos tiveram aprofundado treinamento sistêmico e analítico e batalharam por décadas para manter os pés nas duas visões de mundo. Eles têm um imenso respeito pelos pensadores desenvolvimentistas, relacionais e intergeracionais, que foram os pioneiros a abrir caminho, tornando esse diálogo possível.

Com a porta aberta pelos ensaios de Dodson e Gibson, entra o casal. Polly Young-Eisendrath enfrenta o desafio de frente com uma terapia de diálogo rica em nuanças arquetípicas e bom-senso estratégico. Polly é uma das pioneiras nessa conversa de sistemas de profundidade, tendo publicado suas reflexões clássicas sobre a psicoterapia junguiana com casais, *Hags and Heroes* (1984).

Murray Stein reflete de forma provocadora sobre a profundidade mítica e o doloroso enigma do vínculo e união entre irmãos dentro da família de origem. Murray há muito tempo se interessa pelas vozes míticas antigas e seu contínuo augúrio vivo na cratera conjugal e familiar contemporânea.

Enquanto Murray agita as coisas no tópico irmãos, Sue Crommelin-Dell desencadeia a fascinante fúria da *angst* adolescente em seu trabalho. Sua exposição de décadas à profundidade arquetípica e nuanças do processo adolescente de individuação transicional recebe uma narrativa nítida e vívida em um ensaio inovador e integrativo.

Ann Ulanov é uma das melhores enunciadoras analíticas junguianas e clarificadoras da relevância do pensamento das relações de objeto para o projeto junguiano. Seu dom para a sutileza narrativa na análise precisa em seus extensos escritos vem novamente à tona em seu agradável ensaio sobre a alquimia profunda interna e externa do relacionamento.

Por fim, Renos Papadopoulos faz uma calorosa apresentação de sua própria carreira integrativa de arquétipos sistêmicos, uma carreira que abrange três continentes e três décadas. O ensaio vigoroso e provocador de Papadopoulos sobre os desafios sistêmicos para o trabalho arquetípico no contexto atual fecha esta seleção de ensaios integrativos iniciais. É apenas isso, um início, mas confiamos que seja um início atraente e produtivo para nossos colegas praticantes que estão constantemente buscando, como nós, o vaso mais amplo dentro do qual possamos acomodar as verdades de cura sempre emergentes e sempre tão frágeis de nosso trabalho e visão compartilhados.

Referências

Boulding, K. (1985). *The World as Total System*. Sage.

Young-Eisendrath, P. (1984). *Hags and Heroes: A Feminist Approach to Jungian Psychotherapy with Couples*. Inner City.

Incesto e imaginação

Crise familiar intergeracional e transformação na análise junguiana

Terrill Gibson *

A família é o vaso mais puro de nosso destino. Mais do que os *temenos* da análise, os sacramentos da religião, a mais transcendente das experiências, é a família que nos dá à luz, nos desenvolve, nos procria e nos enterra. Nunca podemos ter mais ou menos vida do que aquilo que nos foi legado por nossos ancestrais. Independentemente da dor e da pena que possa criar para nós, a família é o Graal dentro do qual o néctar sagrado de nosso DNA físico e psíquico é carregado dos lábios e órgãos genitais de uma geração para a seguinte.

Sendo a família tão essencial, é intrigante notar sua quase ausência em nossa literatura e prática analíticas. A maioria das breves citações sobre família, presentes no índice das

---

* Psicoterapeuta pastoral e Analista Junguiano Certificado, membro da Jungian Analysts-North Pacific e da International Association for Analytical Psychology. Ministra palestras e explora extensivamente a relação entre espiritualidade e psicoterapia. É supervisor aprovado da American Association for Marriage and Family Therapy.

Obras Completas de Jung, é metafórica ou alegórica. Além do trabalho ocasional de Eleanor Bertine (1992), Laura Dodson (1983), Adolf Guggenbühl-Craig (1986), Soren Ekstrom (1988), Renos Papadopoulos (1989-1990), Hal Stone (1989) ou Polly Young-Eisendrath (1984), pouca profundidade analítica ou arquetípica real foi dedicada a esse importante tema. A família biológica, as manifestações físicas da família, a família do suor, do óvulo, do esperma e das lágrimas são um fantasmagórico espectro em nossa tradição.

Este capítulo apresenta uma discussão em duas partes desse dilema e suas implicações para nossa prática. Primeiro são oferecidos alguns caminhos embrionários para uma renovadora integração do processo familiar dentro da análise, bem como reflexões sobre algumas das evitações e preconceitos que impediram essa integração. A importância central do drama do incesto familiar (como uma força positiva e mítica de desenvolvimento, e não apenas um mal literal e criminoso) será explorada. Em seguida, são sugeridas algumas das possíveis modificações e exemplos de técnica que podem resultar de tal *coniunctio* teórica.

A família como vaso iniciático psicoespiritual essencial

Quando contamos histórias sobre a família sem julgamento e sem análise instantânea [...] a história da família se transforma em mito. Quer saibamos ou não, nossas ideias sobre a família estão enraizadas na maneira como a imaginamos. Essa família pessoal, que parece tão concreta, é sempre uma entidade imaginal. Parte de nosso trabalho alquímico com a alma é extrair o mito dos detalhes difíceis da história e da memória da família, com base no princípio de que o aumento da imaginação é sempre aumento da alma.

Moore, 1992, p. 32.

A família é onde a imaginação semeia. É o mecanismo de liberação ambiental para a ativação e desenvolvimento da alma imaginal dentro de nós no nascimento. O incessante nutrir da mãe e do pai bioarquetípicos, supervisionando e protegendo, valida não apenas o corpo e seu *sensorium* que desabrocha, mas, também, muito mais profundamente, a psique e seu espírito – eros que desperta. A mediação da família nos ajuda a perceber não apenas o mundo exterior fenomenal, mas também o mundo interior numenal.

O tema central deste ensaio é que a lente imaginal primária do desenvolvimento psíquico estimulada por esse processo familiar é a dinâmica do incesto, que é um instigador imaginal inevitável do processo da alma na psique humana. Para não apenas viver, mas também prosperar, a psique deve desejar a vida. Deve ansiar e até mesmo sofrer atrás desta vida, pois o sofrimento é o catalisador químico mais potente do desejo; o desejo por um significado personalizado, uma conexão e um lugar neste mundo. Este é despertado pelo brilho no olho materno/paterno do Outro. Esse brilho, e sua excitação interpenetrativa de nosso eu-alma primário, é nossa primeira experiência sexual, nosso primeiro orgasmo de uma personalidade corporal total (Lacan, 1977). É uma experiência de orgasmo completo e holístico em que o mistério de estar totalmente neste mundo – e ainda transcendentalmente assegurado de uma continuidade de ser além deste mundo – é mediado. É um momento primordialmente incestuoso, pois o desejo é completo e devorador, tanto para o amado filho quanto para o amoroso Outro.

Mas deve ser um incesto desenvolvimental saudável e adequado para que seja mediado. Esse tipo de incesto pode diferenciar entre incesto imaginal e literal. Somente um pai/uma mãe que foi bem e apropriadamente amado/a na infância pode amar apropriadamente na idade adulta. Esse pai ou mãe não precisa que o filho o considere amado. Não precisa tornar literal seu amor pelo filho. Pode viver na simbiose de atração mútua impulsionada pelo incesto, disposto a absorver a devoração da alimentação física e emocional do bebê. Pode incorporar essas gulas infantis, muitas vezes ávidas, e guiar a criança com amor e empatia, sem medo ou raiva. Está tão ciente de um eu infantil autônomo, totalmente vivo e independente, que pode fazer esse sacrifício incestuoso com delicadeza, sem reatividade ou rancor.

Este ensaio defende a necessidade e criatividade inerentes a esse processo de incesto psicológico. Vê a psicoterapia e a análise como o vaso cratera alquímico para despertar novamente dragões incestuosos adormecidos e reinvocar suas possibilidades de cura.

A família como iniciático *temenos* – Encontrando um lugar seguro e estético para o sofrimento redentor

> *Certamente o mundo é incomensuravelmente belo, mas também é horrível.*
>
> Jung, 1963, p. 58.

A psicologia analítica é tão diversa, que generalizações sobre nossas pressuposições comumente aceitas são cada vez mais difíceis (Samuels, 1985; Stein, 1982). Mas todas as diferentes facções da prática parecem ter um compromisso central com a importância do recipiente da terapia, o *temenos*, o *vas bene secum*. Que a psique deve se sentir "mantida" de forma segura (na maioria das vezes, mas não necessariamente um processo de longo prazo) por um guardião de confiança parece indiscutível. Não conheço nenhum terapeuta intencionalmente breve entre os junguianos. A provisão, segurança e manutenção de longo prazo da estrutura terapêutica parece um padrão universalmente axial da prática em nossas fileiras. O *como* dessa tecnologia pode estar em disputa, mas não sua centralidade.

No mundo natural existem dois recipientes que ocorrem organicamente: a família arquetípica e a conexão com o eu biológico. A análise não existe para transplantar esses vasos, mas para realçar sua presença. Em uma cultura dualista, uma invenção artificial como a análise parece ser uma medida necessária para assegurar a memória e o acesso competentes a esses antigos limiares de maturação psíquica.

As psicologias analíticas e arquetípicas dão uma contribuição indiscutível para o engajamento do primeiro desses limiares. Embora nossa apreciação, descrição e utilização dos tesouros do si-mesmo arquetípico possam ser vivamente debatidos (Hall & Young-Eisendrath, 1988), sua presença manifesta e animada em nossas vidas e trabalho é incontestável.

Por que, então, essa intrigante ausência de reconhecimento ou mesmo de referência à família em nosso trabalho? Por que a preocupante falta de envolvimento e assistência familiar? A psique é inerentemente tribal. O vasto *corpus* de investigações transculturais de, por exemplo, Campbell (1988) ou Eliade (1978) torna isso claro. A família recebe primeiro as projeções arquetípicas do si-mesmo emergente. Ela é o catalisador necessário para o aparecimento, o sequenciamento e o fortalecimento desses meios arquetípicos, tanto biológica quanto psicoespiritualmente. Fazer análise sem a família, então, parece um pouco como tentar soprar vidro sem fogo. Os gestos e procedimentos podem ser precisos, mas o catalisador de recozimento do processo está ausente.

Claro, a presença da família é difusa no processo analítico. Os pacientes sonham, todas as noites, com as interações, reações e ab-reações de suas famílias ao processo analítico. Murray Bowen, um pioneiro das terapias familiares modernas com treinamento psicanalítico, muitas vezes via indivíduos sozinhos – profundamente conscientes, ao mesmo tempo, de que estavam sempre fazendo terapia familiar (Bowen, 1981). A família – toda ela, incluindo todos os ancestrais – está sempre em nossos consultórios em cada momento de troca analítica. Não podemos escapar dela e de sua influência em nossa prática. A família paira sobre nós desde a concepção até a morte; a família atua como parteira da alma; a família tem o poder de alavancar ou arrasar um esforço analítico. Não temos a escolha de envolver ou excluí-la em nossas terapias. Como em tudo o mais em nosso trabalho, só podemos escolher receber e interagir com a família consciente ou inconscientemente.

A psicologia junguiana, em seu melhor e pior, é uma psicologia teatral. É uma psicologia com uma aura popular, uma terapia de brilho e elegância percebidos. É uma terapia do grande evento, do grande sonho, das teofanias do mundo arquetípico. Infelizmente, também é uma terapia geralmente reservada cultural e materialmente para a elite, por causa de seu custo muitas vezes proibitivo.

Esta imagem é lamentável e destrutiva. Eu quero uma psicologia junguiana do mercado, do dia a dia; quero um mundo arquetípico sem embalagens e *marketing* sofisticados; quero sonhos de entranhas e carne – encontros psíquicos na linguagem coloquial. Se este cotidiano não for abordado, ele nos consumirá e nos destruirá, pois o cotidiano é o recipiente mais potente da essência da psique:

> Toda vez que tentamos lidar com nossa indignação com o trânsito, nossa infelicidade com o escritório, a iluminação e os móveis de baixa qualidade, o crime nas ruas, o que quer que seja; toda vez que tentamos lidar com isso indo à terapia com nossa raiva e medo, estamos privando o mundo político de algo. E a terapia, à sua maneira louca, ao enfatizar a alma interna e ignorar a externa, apoia o declínio do mundo real (Hillman, 1992, p. 5).

Este mundo "real" é o lar da *anima mundi* de Hillman – o reino imaginal no qual o espírito do mundo real recupera seu entusiasmo e visão. O mundo real deve ser abordado e abraçado no centro das ponderações e sofrimentos da terapia após a transformação. No cotidiano, o melhor do mundo arquetípico "insondável, múltiplo, primordial, gerador [...] altamente intencional e necessário" do "numenal" e do "fenomenal" se manifesta (Moore, 1992, pp. 25-32; Hillman, 1992, p. 13). E o melhor do dia a dia é nosso contexto tribal e familiar.

O eixo ego/si-mesmo/Outro – Na psique, todos os caminhos levam de volta ao lar

Trazemos as disfunções da família
para a sala de terapia como

> *problemas a serem resolvidos ou como explicações para as dificuldades atuais porque intuitivamente sabemos que a família é uma das principais moradas da alma [...]. Se fôssemos observar a alma na família honrando suas histórias e não fugindo de sua sombra, então poderíamos* não nos sentir tão inescapavelmente determinados pelas influências familiares *[...]. [A] entrada renovada na família, abraçando o que antes foi negado, muitas vezes leva a uma alquimia inesperada em que até as relações familiares mais difíceis mudam o suficiente para fazer uma diferença significativa [...]. A história da família se transforma em mito.*
>
> Moore, 1992, pp. 25-32.

A construção do eixo ego/si-mesmo se tornou uma das abreviações teóricas favoritas dos junguianos nos últimos anos (Edinger, 1972, p. 73). Junto com o complexo, os opostos e a própria individuação, a construção do eixo ego/si-mesmo se tornou um grupo organizador significativo de poder considerável, com todo tipo de associações conscientes e inconscientes. Conotações de desenvolvimento, de profundidade, de integração, de superior e inferior – muito do melhor da visão original de Jung sobre as funções prospectivas da psique – são ampla e respeitosamente ecoadas neste conceito feliz. Tornaram-se tanto conceitualmente ricas quanto metodologicamente úteis.

Mas falta amplitude. A metáfora insinua e explora as dimensões fisioespaciais verticais de cima para baixo, do céu para a terra, da psique para o soma, mas exclui os aspectos horizontais de nossa existência terrena companheira, partilhada. Impede a referência à tribo, à família, ao cotidiano. Estende a metáfora junguiana (e muitas vezes elitista e solipsista) do indivíduo minerando os recursos infinitos de seu próprio poço de minério psíquico, sozinho, no deserto puro e incontaminado da busca individualizante.

Onde está o Outro neste paradigma – tanto o outro relacional cotidiano quanto o extraordinário, mas o *relacionalmente* amado Outro Divino? Sugiro expandir a metáfora para uma imagem trinitária ego/si-mesmo/Outro, pois o trabalho psíquico realmente exige uma aliança com todos os três cantos da pirâmide da psique: o ego, o si-mesmo e o Outro. Todos são parceiros contratantes animados, sencientes no diálogo de aliança e compromisso com o projeto individualizante. Todos os três têm um profundo investimento no resultado da conversa e na contratação de um resultado que afeta a saúde e o desenvolvimento futuro de cada um.

A família é o marco mais proeminente no plano horizontal da alteridade relacional. Ela medeia este mundo e sua realidade fenomenal essencial, tanto para o ego quanto para o si-mesmo, podendo aumentar ou diminuir, de forma devastadora, nossa interação com essa dimensão da psique. Como, então, da melhor maneira criativa, ancorar o indivíduo neste mar de alteridade em que ele nada psicoespiritualmente?

A *coniunctio* objeto-relacional

> *Assim, a atenção às profundezas da psique nos atrai para o mundo exterior aberto, tanto quanto nos atrai para a escuridão pessoal de*

> *nossa experiência própria. Isso nos atrai para outras pessoas e nos envolve em suas vidas, tanto quanto nos afasta delas para refletir sobre as imagens de um sonho ou as fantasias que surgem da meditação.*
>
> Ulanov, 1986, p. 91.

> *Um relacionamento chega* de novo *e dura para sempre.*
>
> Carl Whitaker, apud em Neill & Kniskern, 1982, p. 116.

Em minha prática, sinto cada vez mais que a análise está incompleta até que os pacientes tenham fundamentado seu trabalho em suas famílias de origem e procriação (termos usados pelos teóricos da família para descrever a família de nascimento e a família conjugal ou relacional atual). Encontrei uma fusão útil entre o trabalho feito pelos que hoje são conhecidos como terapeutas familiares intergeracionais e analistas junguianos. É interessante para mim que, nas últimas décadas, ambos os movimentos têm acelerado sua abordagem um do outro por meio de uma reavaliação e aprimoramento das relações objetais e da teoria do eu. Ambas as escolas exibem um forte interesse nas obras de Kohut, Winnicott, Klein, Fairbairn, Sullivan, Mahler – todos teóricos que notaram e refletiram sobre o profundo impacto dos artefatos e imagens gerados na vida familiar no início da vida na formação da síntese ego/si-mesmo/Outro (cf. esp., Framo, 1992, pp. 111-128; Stein, 1982, pp. 68-85).

Ninguém questiona o profundo impacto que a escola das relações objetais teve sobre o desenvolvimento do movimento da psicologia analítica. Muitos outros movimentos de saúde mental tradicionais e inovadores aproveitaram o mesmo reservatório pragmático de sabedoria prática dinâmica, estrutural e interativa. O movimento da terapia familiar foi especialmente ativado pelo pensamento das relações de objeto; sua participação efetuou reformas substanciais e elegantes da teoria e abordagem básicas. Do outro lado da "ponte" objeto-relacional, analistas junguianos e teóricos de sistemas familiares podem se encontrar e abraçar mais prontamente (Slipp, 1984).

A chave para ambas as visões de mundo objetal sistêmica e junguiana é um recente revigoramento das conceituações de transferência e – mais importante – das metodologias. No entanto, o truque nos usos relacionais desse fenômeno de profundidade muito fértil é apontar e traçar a trajetória terapêutica. No trabalho intenso e individual, essa trajetória é sempre baixa e imediata – envolvida nas projeções e identificações projetivas do recipiente analista/analisando. Está mais concentrada, focada e, dessa forma, de algum modo mais relaxada e controlada. A intensidade catártica pode aumentar e implodir/explodir de acordo com os ciclos descobertos no processo analítico.

A transferência sistêmica, embora enraizada nos mesmos poderes arquetípicos mediados individualmente, possui uma trajetória arqueada mais elevada, mais difusa e menos contida. É mais arqueada porque tem a sustentação e propulsão de muitos participantes, todos aglomerados na mesma plataforma de lançamento terapêutica. Explosivos transferenciais são acesos e potencialmente explodidos nas alturas em um ambiente tão intenso.

Na verdade, os maiores papas da terapia sistêmica (Haley, Minuchin, Whitaker e Papp, p. ex.) procuram maneiras de orquestrar e desencadear criativamente essa propulsão (cf. esp. Gurman & Kniskern, 1981; 1991; Nichols, 1984). Enquanto no trabalho individual o terapeuta busca ser alvo e coautor dos processos projetivos e transferenciais, no trabalho sistêmico o terapeuta busca mais valorizar, direcionar e monitorar o processo. Os terapeutas ainda participam; ninguém pode evitar ser absorvido projetivamente, como os alquimistas nos ensinaram, mas não é tão pessoalmente cativante e significativo. O terapeuta nota e excita as realidades de transferência; uma vez que essas realidades são notadas e ativadas, ele as retorna ao campo do sistema familiar para mesclá-las com as transferências comunitárias da família. O terapeuta provoca e recua, deixando o sistema incubar suas próprias alternativas transformadoras.

Ao contrário de um analista que trabalha com um indivíduo, o terapeuta familiar nunca poderá ter o prazer de coexperimentar, na mesma estrutura de tempo e espaço, os frutos transformadores dessa colaboração com a família. Em vez disso, o terapeuta familiar semeia astutamente o sistema e o envia para casa, onde o fruto real e reabsorvido da transferência é digerido nos ciclos de desenvolvimento mais relaxados e orgânicos da vida familiar contínua.

Misturado e implicado com o mecanismo de transferência está outro conceito integrativo central: identificação projetiva. No entanto, é uma identificação projetiva lançada nas reconfigurações mais amplas e ousadas dos últimos anos. As elaborações originais de Melanie Klein, de décadas atrás, passaram por novos ajustes teóricos impressionantes. Entre os teóricos de profundidade, por exemplo, Schwartz-Salant joga provocativamente com essa noção em suas formulações sobre o conceito de "casal de corpos sutis" (1988). Entre os sistêmicos, o grupo de Scharff enfatiza a dinâmica do "mundo relacional real" do conceito (em oposição à sua ênfase intrassubjetiva na literatura psicanalítica), pois funciona para trazer tanto loucura quanto significado para o relacionamento. Jill Scharff observa de forma brilhante e sucinta:

> Concluo que, no contexto familiar, múltiplos processos individuais governados por suposições inconscientes compartilhadas sobre a vida familiar acabam levando à identificação de partes da experiência familiar dentro de personalidades individuais. Ao mesmo tempo, a situação intrapsíquica é projetada no inconsciente do grupo intrafamiliar. Um indivíduo é selecionado como receptor ou objeto de projeção das partes rejeitadas da identidade central da família. Em famílias saudáveis, o papel de acolhimento gira entre os membros, mas quando a identificação projetiva se concentra e se fixa em um membro, surge uma situação patológica, com uma pessoa-índice representando um problema do grupo familiar em metabolizar partes indesejadas do inconsciente do grupo familiar (1992, pp. 37-38).

Essa fusão abrangente de campos teóricos abre um novo universo de diálogo sobre as dimensões intrapsíquicas e interpessoais do processo terapêutico. Na verdade, a análise ajuda uma pessoa indexada como um receptor estático, "bode expiatório", a lançar mão de recursos pessoais e arquetípicos para permitir uma mudança não apenas da posição intrapsíquica, mas também das posições interpessoais. A análise impulsiona a rigidez e patologias complexas individuais e familiares para configurações novas, mais resistentes e funcionais. Há um interesse analítico ampliado na forma objeto-relacional com que literalmente entramos na pele psíquica um do outro por meio da experiência interfamiliar. Terapeuticamente, o que resulta é o que Framo descreve como um "recontorno de objetos internos" e uma reanimação da família externa fenomenalmente "real". A família externa frequentemente se torna apática e derrotada sob o zumbido implacável, muitas vezes de décadas, dessas antigas vozes de desespero e dor identificadas introjetiva e projetivamente (Framo, 1992, pp. 117, 119).

Incesto e triangulação

Uma família é como uma arma.
Se você apontar na direção errada,
alguém será morto.

Personagem de Matthew Slaughter no filme de Hal Hartley: *Confiança*.

Não é a coabitação incestuosa que se deseja, mas o renascimento.

Jung, apud R. Stein, 1973, p. 32.

Agora que temos um modelo arquetípico de operação de sistemas familiares e uma imagem de desenvolvimento e relações objetais desse processo se movendo ao longo do ciclo de vida, como podemos expressar o ativador catalítico desse processo? Mais uma vez, a dinâmica universal e inevitável do incesto preenche bem esse papel ativador. Um paralelo operacional interessante, quase provocativo, existe entre a noção de complexo de Jung e a visão intergeracionalista da triangulação. Para ambas as estruturas teóricas, a dependência conceitual crucial é a dinâmica do incesto psicológico. Cada vez mais, a perspectiva é que o incesto psicológico e sua absorção e transformação no desenvolvimento passarão a ser vistos como primários em nossa cultura psicoterapêutica – mais primários até do que o gênero no processo de formação da identidade e individuação.

A triangulação é um dos conceitos teóricos mais universalmente aceitos nas terapias sistêmicas. Ela foi "descoberta", quase simultaneamente, em várias instalações independentes de pesquisa e tratamento nos Estados Unidos na década de 1950. Mas foi Murray Bowen quem deu à triangulação sua descrição e aplicação ortodoxa mais amplamente aceita (Bowen, 1978, pp. 238-239, 273-276; Kerr & Bowen, 1988, pp. 134-162). A definição clássica de triangulação é a forma como uma terceira pessoa com recursos mais fracos, um "bode expiatório", é cooptada quando uma díade relacional desenvolve uma instabilidade ameaçadora. Um exemplo comum é o de um casal em um grave impasse de intimidade, alcançando intergeracionalmente um de seus filhos e "triangulando" essa criança como um defletor e dissipador do desespero conjugal.

Por exemplo, a mãe dá aula no ensino médio durante o dia e é vereadora à noite. O pai é deixado nas noites familiares sozinho, com a responsabilidade de cuidar dos filhos e da casa. Ele se sente cada vez mais solitário e ressentido. Tenta seduzir a mãe sexualmente quando ela chega tarde em casa; ela diz que está cansada demais para fazer sexo. Ele fica furioso e a ameaça com o divórcio. A mãe foge do quarto e dorme com as duas filhas mais velhas. Na semana seguinte, sua filha mais velha, de 13 anos, é encontrada embriagada com dois garotos em um beco de um distrito de alta criminalidade da cidade. Os pais buscam a filha no centro de acolhimento juvenil, levam-na para casa e, em seguida, repreendem seu comportamento vergonhoso. Os pais, com sucesso e inconscientemente, triangularam e desviaram/projetaram seu impasse relacional sobre sua filha bode expiatório.

Este "triângulo perverso" intergeracional (Gurman & Kniskern, 1981, p. 279) é uma construção muito atraente – inerentemente instável, fluida e, mais essencialmente, inevitável. Após seus primeiros anos de reconhecimento e fascinação pelos padrões de triangulação familiar, Bowen foi para a estação de pesquisa africana de Jane Goodall para observar primatas em seu *habitat* natural na selva:

> Eu simplesmente fiquei sentado sob aquelas árvores observando os macacos através de binóculos, com Jane, e fiquei surpreso ao descobrir que os macacos triangulam assim como os humanos – todo o maldito mundo dos mamíferos triangula, ao que parece, surpreendente (Bowen, 1981).

A visão de Bowen desse triângulo ontogenético dos mamíferos é profunda. O triângulo é uma importante válvula de segurança adaptativa – "onde a ansiedade aumenta, uma terceira pessoa se envolve na tensão da dupla, criando um triângulo [...]. [O triângulo] diminui a ansiedade, espalhando-a pelo sistema". Esse novo todo triangulado "interconectado" tem uma capacidade muito maior de conter a ansiedade do que a soma dos antigos membros separados da unidade familiar, "porque existem caminhos que permitem o deslocamento da ansiedade pelo sistema". Portanto, o triângulo é mais estável do que a frequentemente mais volátil díade no "processo ansioso" essencial que está no cerne da sobrevivência interpessoal humana (Kerr & Bowen, 1988, p. 135).

Em função disso, triângulos são eternos. Embora seu conteúdo esteja em constante mudança, sua forma é dinâmica e muitas vezes perniciosamente duradoura. Eles sobrevivem aos seus criadores; os netos representam os processos reativos remanescentes de seus avós falecidos. Os triângulos são os "blocos de construção" do "caos" familiar. Diante do mais traumático dos eventos de estresse familiar, essa "perda de diferenciação induzida pela ansiedade" torna-se tão desgastante, que não apenas ocorrem triangulações de unidade única, mas também triangulações sistêmicas complexas e interligadas são postas em jogo (Kerr & Bowen, 1988, pp. 134-142).

Bowen descobriu inesperadamente triangulações sistêmicas durante observações clínicas atrás do espelho unidirecional de um hospital psicanalítico. Corajosamente, ele explorou esse poderoso conceito experimental e o aplicou à sua própria família de origem. A resistência às amplificações pessoais de sua família foi tão alta, que ele teve de apresentar seu trabalho profissional original sobre o assunto a seus colegas sob condições disfarçadas. Posteriormente, foram publicados de forma "anônima" (Framo, 1972, pp. 111-173). Nesse esforço pioneiro, Bowen descobriu que, aquilo que transforma o dreno pernicioso de triangulações multigeracionais é a construção de uma consciência e presença em relação à matriz triangular da própria família. Este chamou esse processo crucial de diferenciação; ele criou um processo de *coaching*, em que as pessoas eram cuidadosamente educadas em métodos para reentrar, de forma não reativa e diádica, na "massa do ego familiar indiferenciado" (Framo, 1972, p. 113) de suas famílias de origem sem abrir mão de sua calma consciente, perspectiva e da sensação de bem-estar. O modelo de Bowen, conforme elaborado posteriormente por Framo, Friedman e Williamson, serve como base principal para minhas elaborações analíticas desta poderosa técnica (Framo, 1992; Friedman, 1985; Williamson, 1991).

Esse processo de triangulação é metade da síntese dos sistemas psíquicos centrais que defendo. A onipresente dinâmica do incesto é a outra. O tema do incesto foi indiscutivelmente uma visão teórica e metodológica motriz para Jung, especialmente nos anos de sua formulação clínica madura, de 1912 em diante. O incesto foi o fósforo aceso que incinerou seu vínculo íntimo com Freud, nas publicações de 1911 e 1912, do que viria a se tornar *Símbolos da transformação* (Jung, 1967, *CW* 5). O trabalho com a libido do incesto ainda era central para seu pensamento no fim de sua carreira; tão central que ele revisou extensivamente os *Símbolos da transformação* em 1951.

Desde o início, Jung estava ciente de seu profundo fascínio psíquico por questões de incesto. Ele advertiu Freud no outono de 1910 para "estar preparado para algo estranho, como nunca se ouviu falar de mim" (Wehr, 1987, p. 133). Olhando para trás, para aquele evento editorial portentoso do ponto de vista de sua revisão de 1951, Jung comentou: "Eu estava profundamente consciente, então, da perda de relações amigáveis com Freud e da camaradagem perdida de nosso trabalho juntos" (Jung, 1967, *CW* 5, p. xxvi). Tudo isso estava fermentando no mesmo tanque de experiência *prima materia* que os casos agora bem-documentados de

Jung com Sabina Spielrein e Toni Wolff. A dinâmica do incesto percorre cada fio da complexa trama dessas relações: o vínculo homoerótico (daquela variedade nascente e inspiradora encontrada entre pais e filhos criativamente engajados) entre Jung e Freud: a mal-humorada atitude defensiva de Jung sobre a violação ética com Spielrein ("Ela [Spielrein] causou um escândalo desagradável para mim, simplesmente porque optei por renunciar ao prazer de gerar um filho com ela"); e o intenso envolvimento, pós-rompimento com Freud, com Toni Wolff, no qual Wolff pode ter funcionado tanto como amante-terapeuta quanto como mediador da construção central da *anima* junguiana (Weir, 1985, pp. 138-143, 187-190; Carotenuto, 1980).

O intergeracionalista veria nesses eventos carregados a forte possibilidade de um determinado, embora protoconsciente, esforço da parte de Jung para quebrar os vínculos incestuosos remanescentes de sua família de origem – em que o Jung pré-edipiano vivia em uma atmosfera familiar permeada pelas meditações taciturnas de pais seriamente sintomáticos – e subsequentes figuras parentais projetivas, mais notavelmente Freud (cf. esp., Weir, 1987, pp. 31-38, 47-54, 138-145). A qualidade destruidora de relacionamentos dessas publicações e casos serviu para distanciar a ameaça devoradora de figuras-chave do incesto, da mesma forma que as pessoas são emocionalmente "desligadas", muitas vezes violenta e irrevogavelmente, dessa mesma pressão regressiva de incesto dentro de suas famílias de origem (Kerr & Bowen, 1988, pp. 271-281). Jung acabou compreendendo conscientemente o profundo poder psicoide desses mecanismos e teorizou de forma brilhante sobre eles. Ele compreendeu que eram complexos – asteroides psíquicos carregados –, reforçados pelos sentimentos de grande poder numinoso. Percebeu que flutuavam livremente na matriz da experiência pessoal reprimida e nas heranças coletivas da psique objetiva. Ele sabia que a individuação viria apenas com sua confrontação consciente e transformação.

Em 1912, Jung entendeu esses complexos como emanando originalmente do útero incestuoso da Grande Mãe, o motor orgânico de regressão, absorção e aniquilação pessoal final – a menos que alguém conscientemente permaneça dentro da Grande Mãe para encontrar a adormecida Criança Divina "aguardando sua [sic] percepção consciente":

> [A] terapia deve apoiar a regressão e continuar a fazê-lo até que o estágio "pré-natal" seja alcançado. Deve ser lembrado que a "mãe" é de fato uma imago, uma imagem psíquica meramente [...]. A "mãe", como a primeira encarnação do arquétipo da *anima*, personifica de fato todo o inconsciente. Portanto, a regressão leva de volta apenas aparentemente à mãe; na realidade, ela é a porta de entrada para o inconsciente, para o "reino das mães" (Jung, 1967, *CW* 5, § 508).

O complexo de incesto, se não for analisado e confrontado, mantém-nos acorrentados para sempre aos instintos regressivos; ele, paradoxalmente, cria o próprio tipo de morte que o apego incestuoso busca evitar: "O neurótico que não pode deixar sua mãe tem boas razões para fazê-lo; em última análise, é o medo da morte que o mantém lá" (Jung, 1967, *CW* 5, § 415). O aspecto terapêutico essencial do crescimento psíquico de cada indivíduo é enfrentar conscientemente esse substrato regressivo e incestuoso em toda a nossa experiência e amadurecer, sofrer e evoluir na luta desse encontro. Todos nós precisamos ser "diluídos em 'água solvente' [...] que é equiparada ao útero materno e corresponde à *prima materia*" (Edinger, 1985, p. 48). O incesto é a operação alquímica de transformação-chave da individuação. Este processo de individuação tem tanto uma dinâmica literal do mundo familiar real quanto uma dinâmica do mundo familiar arquetípico, mítico. Qualquer terapia que atenda apenas a uma parte desta equação é parcial e incompleta.

Como sempre acontecia com Jung, a solução para essa enorme atração do incesto é um retorno consciente ao mundo arquetípico e incestuoso do inconsciente. Sem essa jornada individualizante não se pode obter o néctar instintivo "não específico" da libido e seus florescimentos sexuais, autopreservadores, espirituais e estéticos na psique (Jacoby, 1990, p. 34). Mas, por mais viscerais e rasteiras que essa linguagem e essas metáforas pareçam ser, elas aparentemente funcionavam para Jung apenas no nível simbólico. A possibilidade de um retorno literal e uma conexão transformadora com a família biológica de origem real, com mães e pais introjetivamente encarnados, muitas vezes é sutilmente menosprezada:

> O desenvolvimento da consciência leva inevitavelmente não apenas à separação da mãe, mas à separação dos pais e de todo o círculo familiar e, portanto, a um grau relativo de desligamento do inconsciente e do mundo dos instintos (Jung, 1967, *CW* 5, § 351).

Jung descobriu que o incesto é tanto uma oportunidade imaginária quanto uma aflição sintomática. Como muitos dos atuais terapeutas familiares transgeracionais, ele percebeu que a dinâmica do incesto está embutida no processo de desenvolvimento. É um ativador-chave das principais fases do amadurecimento psíquico. Passa a ser uma dinâmica abortiva quando se torna literalizado e redutor. A química incestuosa e transgeracional é uma química imaginal, um meio de imagem por meio do qual o amor dos pais imbui na criança os conteúdos mais profundos da alma de aprendizagens tanto pessoais como arquetípicas.

Não é surpreendente que uma cultura materialista como a nossa tenha literalizado e deformado essa matriz simbólica. O incesto é visto apenas como um mal ilegal, a ser caçado e erradicado pelas legiões burocráticas bem-intencionadas – mas muitas vezes sem alma – dos serviços de proteção à criança. As velhas sabedorias herméticas de eras passadas são descartadas nessa visão de mundo positivista. O processo de incesto universal e simbólico é um processo místico, filho da antiga *anima mundi* – o mundo holístico não dualista em que o espírito e a matéria se unem, criam e reproduzem processos de imagem cada vez mais curativos. Sem dúvida, devemos deter as práticas devastadoras de abusos sexuais e físicos *literais* na infância, com seus tormentos fulminantes e duradouros para a alma da criança e do futuro adulto. Mas, com a mesma urgência, devemos buscar diferencialmente nunca aleijar ou interferir nos aspectos imaginários, alquímicos, de desenvolvimento e espiritualmente benevolentes do processo psicológico de incesto. Culturas inteligentes e vibrantes sabem a diferença; culturas brutais e imaturas obscurecem a diferença.

Os terapeutas familiares intergeracionais confirmam, a partir de uma linha independente de *insight* e técnica terapêutica, a mesma importância crucial da dinâmica do incesto. Eles concordariam prontamente com Jung que "uma nova adaptação ou orientação de importância vital só pode ser alcançada de acordo com os instintos" (Jung, 1967, *CW* 5, § 351). Mas eles discordariam que esse evento transformador pode ocorrer apenas com compensação arquetípica além dos laços e apegos reais inconscientes da matriz familiar biológica originária. Para eles, o instintivo só pode operar sua magia transformadora por meio de um retorno literal a esse meio familiar, de dentro da crisálida de uma nova postura ou atitude. O retorno literal é inevitável se for para ocorrer a mudança transformadora, a individuação junguiana ou a diferenciação boweniana.

Na triangulação e no complexo de incesto o combustível é o mesmo: vínculo familiar incestuoso. Para Jung, o complexo lança seu feitiço naquela misteriosa região interior entre o inconsciente pessoal e o arquetípico – um conduto e uma ponte –, permitindo ao mesmo tempo que o pessoal e o mítico, o individual e o coletivo se encontrem e reifiquem para acender o fogo da consciência ou para aniquilar a alma inconsciente.

Para o intergeracionalista, o triângulo é igualmente portentoso. Bowen sentiu que era uma experiência universal em todas as espécies de mamíferos conhecidas, e talvez em toda a biosfera (Bowen, 1981). É a fronteira entre gerações. É aquela zona liminar em que o futuro da espécie e o passado ancestral se encontram e se provocam. É a pedra de toque da memória e do porvir da espécie, a morada do DNA psíquico da família, o lugar em que a próxima geração é amarrada e coagida, instruída e preparada. A triangulação é inevitável; é o órgão central de transmissão e capacitação geracional. A triangulação pode destruir o destino individuado e a diferenciação de uma pessoa, ou pode cumpri-los.

A individuação/diferenciação, vista nessa perspectiva mais ampla, depende do equilíbrio certo de forças sistêmicas e de uma atitude individual de calma não reativa. Somente dentro da aceitação de tal síntese pode um indivíduo fluir conscientemente através do labirinto familiar, através dos ciclos de vida individual e em família. Não podemos individuar apenas intrapsiquicamente, mas devemos, com igual convicção e intensidade, "retribuir totalmente, tanto para trás como para frente, ao longo do tempo" nossa família, se quisermos "experimentar o bem-estar" (Williamson & Bray, 1988, p. 366). O tecido da psique objetiva deriva sua própria existência e continuidade de ambas as fontes. De fato, o complexo interno quase inevitavelmente "dispara" em reação às triangulações externas. Esses dois processos são lados opostos da mesma moeda processual. Para Bowen e Jung, há um profundo apreço pelo fluxo dinâmico e muitas vezes volátil de atividades complexas incessantes, tanto na psique individual quanto na familiar. Permanecer inconsciente e passivo nesta corrente viva do ser ancestral é permanecer uma vítima vulnerável do destino individual e familiar cego.

Um modelo de síntese: sistematização espelhando individuação

Pessoas mudam. Nem tudo fica com você por toda a sua vida.

Emilina Domingos, no romance de Barbara Kingsolver: *Animal Dreams*, 1988.

A psique se desdobra dentro e fora de nossa pele; ela produz consciência dentro de nossa experiência pessoal e além. Os indivíduos – e as famílias das quais eles são uma parte inextricável – amadurecem, evoluem, enlouquecem, regridem e se transformam. Ao mesmo tempo há individuação e diferenciação dentro de um sistema profundo intrapsíquico e interpessoal. A tarefa de profundidade não pode evitar a responsabilidade de buscar, teórica e operacionalmente, misturar esses dois processos gêmeos.

Meu trabalho intergeracional, dentro de um contexto analítico claramente definido, busca respeitar tanto os aspectos míticos internos da dinâmica do incesto quanto os aspectos sistêmicos da família externa do dinamismo triangular delineado anteriormente. Os encontros reais "ao vivo" entre gerações são geralmente posicionados perto do final da experiência analítica, porque estou profundamente ciente das imensas energias familiares-sistêmicas e míticas-arquetípicas que são despertadas por uma exploração tão direta e desvelada desses antigos afetos. Acender essa tempestade psíquica intencionalmente requer cuidadosa preparação terapêutica e proteção. Tanto Freud quanto Jung reconheceram o papel essencial da dinâmica do incesto em moldar e motivar a psique e seu destino. Abordar essa dinâmica sem uma consciência e uma sensibilidade analíticas cuidadosas seria perigoso e uma loucura potencialmente devastadora. Os teóricos intergeracionais nos mostraram que abordar esse mesmo vórtice incestuoso sem uma consciência sistêmica cuidadosa poderia provocar um resultado igualmente devastador.

O modelo intergeracional é um modelo genuinamente sistêmico/relacional e temperamentalmente mais adequado para o quadro analítico. O modelo *coaching* de Bowen, de trabalhar com famílias "a distância", é a abordagem fundamental (Framo, 1972, pp. 127-128). Totalmente ciente do poder perturbador das ansiedades reativas e triangulações dentro da matriz da família de origem, Bowen descobriu que um período de preparação cuidadosa, quase didática, dos pacientes para encontros com suas famílias é crucial. Usando sua agora famosa inovação do genograma familiar (uma árvore genealógica esquemática), Bowen traça claramente padrões multigeracionais de triangulações e ansiedades reativas – remontando a pelo menos três gerações – que enredaram o campo familiar (McGoldrick & Gerons, 1985). Ele ensaia comportamentalmente as informações e seu impacto para o paciente nessas sessões. Usa o genograma para instruir e aliviar cognitivamente (descarregando ansiedades geradas inconscientemente, muitas vezes com décadas de idade). É um modelo abertamente cognitivo, por meio do qual Bowen tenta fazer com que o paciente pense sobre a dinâmica familiar como forma de evitar a possessão afetiva e o incentivo a repetições inconscientes. Acho o genograma inestimável, não apenas por mapear os padrões óbvios de triangulação, mas também por expressar os campos míticos e complexos que também "possuem" a família. Quando os pacientes estavam prontos, Bowen os mandava para casa, para suas famílias de origem. Essas visitas eram cuidadosamente preparadas e as agendas mantidas meticulosamente circunscritas e focadas (Richardson, 1984; Kerr & Bowen, 1988; Gurman & Kniskern, 1981; Kerr, 1993).

Donald Williamson, em uma revisão frequente do processo de Bowen, enquadrou este movimento de *coaching* na terapia como uma fase preparatória para vivenciar "consultas" familiares (Williamson, 1981; 1982a; 1982b; 1991). À medida que os pacientes obtinham *insights* (em pequenos grupos terapêuticos) no campo de força familiar, eles eram instruídos a escrever cartas e gravar fitas de áudio para praticar, em preparação ao envio de cartas e fitas reais. Todo esse processo culminava com o convite aos pais para participarem de uma consulta intensiva, intergeracional e de vários dias.

Embora os autores desse modo consultivo de trabalho familiar intergeracional variem quanto à forma e ao conteúdo das sessões familiares preparatórias e ao vivo, certos fatores são consistentes entre as metodologias. Todos enfatizam o cuidado necessário para a realização desses eventos. Estão perfeitamente cientes do que a análise descreveria como o campo complexo existente quando essa família transgeracional se reúne. Todo o poder dos ancestrais, do padrão arquetípico da família e do trauma familiar inconsciente pulsa no consultório durante essas visitas. Todo mundo tem pavor de que a culpa e o julgamento recaiam sobre si e, acima de tudo, tem pavor do medo de um desastre irreparável, que pode resultar da tentativa de tal encontro em primeiro lugar. Há uma grande apreensão de que o relato verdadeiro e pessoal da dor aniquilará em vez de informar e curar. O terapeuta deve proceder com grande cautela diretiva, humor, sensibilidade e cuidado genuíno a fim de dissipar esses medos afetivos agourentos.

A maioria desses modeladores consultivos afirma sucesso (a) quando o paciente é capaz de navegar pela experiência não apenas intacto, mas tendo exercido a liderança não reativa que foi ensinado a realizar e (b) quando violações inadequadas de limites geracionais foram dimensionadas e encerradas. Williamson acredita que este último fator se concentra nitidamente no evento culminante: o/a filho/a adulto/a paciente voltando-se para o pai/a mãe do sexo oposto na presença física do pai/da mãe do mesmo sexo e declarando de forma inequívoca que seu caso de amor agora está encerrado, e que ele ou ela é autônomo/a para cuidar da responsabilidade por esse incesto transgeracional perseverante e debilitante (Williamson, 1981; 1982a; 1982b).

Improvisações analíticas sobre um tema intergeracional

> *Eu estava em uma vasta estação de trem, como a Grand Central. Corria num* frenesi *[...] tentando encontrar meu filho. Verifiquei plataforma após plataforma e ele não foi encontrado. Então, eu o vi. Ele acenou para mim e me tocou através da barricada e, depois, disse, gentil, mas firmemente, que tinha que ir. Eu sabia que ele tinha partido para sempre. E que, de alguma forma, estava tudo bem. Acordei chorando copiosamente.*
>
> Sonho de uma mãe durante um processo de consulta familiar com seu filho paciente analítico.

Eu executei uma adaptação analítica desses modelos transgeracionais. Como Williamson e Framo especialmente, uso uma abordagem flexível e eclética dentro da estrutura sólida e fundamental do quadro analítico. Isso normalmente significa que construo gradualmente a introdução de consultas familiares individuais com os pais (e talvez irmãos). No entanto, mudei essas regras em circunstâncias especiais e vi pessoas em todos os conjuntos, desde a família inteira até diferentes combinações de subsistemas. Ou, simplesmente orientei os pacientes na preparação de suas próprias visitas a suas famílias. O que é apresentado aqui é um modelo normativo, não dogmático.

Ao longo desses procedimentos, o analista atua principalmente como facilitador e garantidor de que os "consultantes" da família não sejam violados ou levados a revelações injustas, vulnerabilidades e julgamentos. O paciente é o principal responsável pelo conteúdo e cumprimento da agenda de aprendizagem, conforme ensaiada por muitos meses ou anos em antecipação a essa sequência crucial de diálogos. Agendar sessões é fundamental e deve permitir tempo suficiente entre esses encontros hiperintensos para que os membros da família os processem tanto consciente quanto inconscientemente, e se ajustem às inevitáveis e muitas vezes maciças mudanças nas autoimagens individuais e familiares. Todos são informados de que os efeitos do evento consultivo podem ser vivenciados em fortes *flashbacks* de sentir e despertar imagens por muito tempo após as consultas. Este processo de normalização e nomeação da natureza momentosa do que estão passando é seguido pela prontidão calorosamente comunicada pelo analista de estar disponível para consultas subsequentes contínuas e de *atualização*, se desejadas.

É certo que, uma vez que ocorra o encontro intergeracional, uma enorme expectativa terapêutica é colocada sobre os resultados potenciais dessa interação. A experiência de verdade em tempo real, face a face, é construída no trabalho cuidadoso, preliminar e analítico dos materiais inconscientes e nas expressões exploratórias dessas novas visões por meio de cartas *tutoradas*, fitas de áudio ou vídeo, breves visitas domiciliares e viagens em família (para lugares de significado histórico e afetivo, como túmulos de ancestrais, locais de infância etc.). Apesar dessa preparação, o encontro *ao vivo* é sempre carregado. Para o parente consultante convidado, é inevitavelmente uma experiência assustadora entrar no espaço terapêutico de outro membro da família.

Normalmente, estruturo pelo menos duas sessões estendidas de paciente/membro da família com cada um dos pais e, muitas vezes, com cada irmão. Como já mencionado, essas sessões intergeracionais são incentivadas a ocorrer perto do fim da análise pessoal de médio a longo prazos, mas as voltas e reviravoltas imprevisíveis do processo analítico dinâmico podem justificar tais sessões em qualquer estágio do processo. Por exemplo, a mãe de um analisando contraiu um câncer terminal de progressão rápida e, necessária e proveitosamente, conduzimos essas sessões no início da análise. O que é crucial acima de tudo é que essas sessões sejam cuidadosamente ensaiadas e preparadas: se o paciente ainda for significativamente reativo e inconsciente a grande parte do campo complexo familiar, durante essas consultas há um potencial significativo de dano terapêutico e de reabertura de feridas tanto para o paciente quanto para o(s) membro(s) da família. O uso analítico responsável dessas poderosas ferramentas sistêmicas exige respeito pelo lado negativo potencialmente devastador do encontro consultivo. Um megaevento terapêutico mal contido como esse pode quase garantir anos de contínua entropia, sofrimento e evitação individual e familiar – "Tentamos terapia familiar uma vez e ficamos muito magoados, foi horrível".

Na circunstância ideal, o paciente trará o parente consultante para uma sessão de 90min no fim da tarde de sexta-feira. Em seguida, eles são incentivados a brincar e se divertir no fim de semana, evitando o processamento excessivo do conteúdo muitas vezes intenso apresentado durante a sessão de abertura. No entanto, eles são instruídos a lembrar dos sonhos e registrar em particular sentimentos, ideias, imagens e questões internas que surgirem durante o fim de semana. Uma sessão de acompanhamento é realizada na segunda-feira de manhã, com o paciente e o consultante da família, para processarem suas reações ao primeiro encontro.

Como analista, eu me defino como um facilitador durante essas sessões. O paciente é claramente o organizador e diretor do evento. O paciente descreve, conforme o ensaiado, por que entrou em terapia e preside a formulação das perguntas de consulta. O membro da família visitante recebe o agradecimento genuíno por sua coragem e generosidade em participar de uma reunião terapêutica tão incomum, e lhe é concedida permissão para dizer muito ou nada em resposta às perguntas feitas, questões de momento de real desenvolvimento e urgência levantadas pelo paciente. O membro da família tem simplesmente a garantia de que seu papel é puramente consultivo; não será atraído enganosamente para nenhuma terapia pessoal ou exposição. Como analista, simplesmente sustento a estrutura, moldo e aprofundo o processo da maneira mais útil que posso e procuro evitar a violação do prometido pacto de proteção e das regras de engajamento.

Na maioria das vezes, quatro grupos de perguntas são explorados com alguma profundidade durante essas consultas à família de origem:

1) Vocacional/desenvolvimental – Como o consultante lidou com a crise que o paciente vem enfrentando?

> Pai, mãe, entrei na terapia me sentindo desamparada depois do meu divórcio aos 38 e da perda do emprego aos 41. Eu me sentia suicida e louca, cheia de desespero. Você já teve uma crise dessas? Se sim, como você lidou com isso, como sobreviveu?

2) Relacional/sexual – Como o consultante lidou com os dilemas relacionais da vida com os quais o paciente está lutando?

> Pai, mãe, tive três casos durante o meu casamento. O último acabou com o casamento. Você já teve um caso ou pensou em ter um? Em caso afirmativo, como você processou as tensões profundas e os surtos emocionais de tal evento em sua vida?

3) Incestuoso – Como o consultante administrou os fortes impulsos incestuosos da família de origem, impulsos que o paciente descobriu terem sobrevivido em sua vida e relacionamentos adultos?

> Pai, eu percebo, como sua filha mais velha, que tenho forte e incontestável lealdade a você e profundo medo de sua desaprovação se eu violar essa lealdade. Tenho a intenção de elegantemente, mas com firmeza, acabar com os aspectos inúteis dessa lealdade neste fim de semana. Como você lidou com sua lealdade incestuosa para com sua mãe?

4) Existencial – O que o consultante acredita ser o propósito central e o destino de sua vida?

> Mãe, pai, o que foi mais importante para você realizar nesta vida? Você teve sucesso ou fracassou? Você está pronto ou com medo da sua morte? Quando você imagina que vai morrer e como será a sua vida àquela altura?

O paciente não está pronto para a consulta se não estiver realmente intrigado, interessado e aberto às respostas profundas do consultante. As famílias temem essas áreas de investigação. Raramente aludem abertamente a esses conteúdos e profundidades. Elas sabem instintivamente que tais questões abrem as portas para o inconsciente familiar – para os segredos e terrores que permaneceram lá, invisíveis e não processados, muitas vezes por gerações. As perguntas aterrorizam e hipnotizam. O paciente é instruído a manter essas questões abertas e não acusatórias. Devem ser formuladas com cuidado, em um *temenos* terapêutico contemplativo, respeitoso, paciente e gentil, pois abrem o próprio alicerce psíquico dos impulsos reprodutivos e intencionais da espécie.

O estudo de caso a seguir é uma participação especial de um domínio da alma intrafamiliar corajosamente revelado. É um exemplo de implementação do modelo de *coaching* descrito anteriormente. Ao contrário de grande parte do meu trabalho analítico, em que os encontros intergeracionais são encenados ao vivo em meu consultório, os encontros da vida real para essa paciente ocorreram em visitas à sua casa. É uma ilustração útil das adaptações ricas e múltiplas possíveis usando os princípios básicos sistêmicos e intergeracionais dentro da prática analítica.

Também apresenta uma forma pela qual os analistas que praticam em formatos tradicionais podem começar a integrar e adaptar o recipiente analítico para absorver algumas noções sistêmicas úteis e poderosas sobre a vida da psique familiar. Sou profundamente grato a essa paciente por sua disposição em compartilhar sua jornada ancestral intergeracional. Claro, o estudo de caso é mascarado para manter a confidencialidade.

O segredo

Gretchen chegou ao meu saguão atrevida, arrumada e controlada. Sua dicção impecável era intensificada pelo encanto residual de sua língua alemã nativa, acrescentando um sotaque leve e melodioso ao fluxo de sua fala em inglês. Ela era cosmopolita, a Vogue, a Dietrich, a Berlim pré-guerra.

Gretchen também estava profundamente disfórica e à deriva naquele mosaico cosmopolita. Depois de lançar uma enxurrada inicial de razões precisas e tímidas para ter procurado análise comigo, tornou-se desconfiada, tensa e pensativa. Longos silêncios preencheram o nosso encontro. Logo no início, seus olhos ficaram assombrados, quase vazios. Ela me fitava cautelosamente como se contemplasse um espectro do passado: "Seus olhos [...] são como os do meu marido [...] tão sofridos [...] me assusta olhar para eles [...] eu choro [...]. Eu odeio chorar", ela me disse em pura agonia.

Ela se lembrou de um sonho em que entrava em seu quarto e encontrava, no canto, uma cortina velha e barata que ela abriu. Ali, descobriu outro cômodo com uma lâmpada nua e forte pendurada por uma corda desgastada em um sótão inacabado. Embaixo dela, seu marido, trajando uma camiseta suja e cueca. Ele estava com a barba por fazer e sonolento, sentado, em um silêncio desleixado e desesperador:

> Ele tinha uma aparência horrível. Seus olhos estavam esbugalhados e ele parecia emaciado. Estava me encarando, mas parecia quase morto. Como um daqueles caras de Buchenwald [...]. Eu gritei [...]. Não conseguia desviar a vista de seus olhos e rosto de aparência horrível. Eu pensei: "O que eu fiz com ele?"

Esta era a Gretchen "real", sem dúvida comovida e projetivamente identificada com seu marido reprimido. Este era o aspecto desleixado e sonolento de seu eu interior profundamente ferido que ela havia mantido escondido no armário atrás da cultura e postura de sua *persona* exterior. Este era o chocado resquício das intrusões infantis sobre a santidade do si-mesmo. Sob a vivacidade e charme exteriores de Gretchen jazia essa alma empobrecida, faminta, perdida e narcisista.

Ela ampliou este material para lembranças do desespero distante de seu pai. Ele guardava alguns segredos ainda não revelados sobre um casamento anterior "que todos nós descobrimos depois que eu já estava na família há algum tempo. Ligaram do departamento de censo do governo e disseram que o casamento de minha mãe com meu pai não era válido porque ele não havia se divorciado legalmente de sua primeira esposa. Da noite para o dia eu me tornei bastarda. E não sabíamos de nada disso! Muito dele é secreto, escondido. Seu vazio parece o meu. Se ele não fala, de certa forma eu também não posso falar".

E, portanto, o problema da vida de Gretchen, o problema de sua psique, era tanto um empobrecimento interno quanto um empobrecimento familiar externo. Um pai/marido vazio e externo alimentava e contribuía para o enfraquecimento e o desespero internos. Para tratar de um era necessário tratar do outro. A terapia é como Jano, olhando para fora e para dentro o tempo todo; às vezes sequencialmente, mas às vezes – o que é de enlouquecer – simultaneamente. Essa imagem pungente de sua dor paterna externa e sua vacância masculina interna reivindicaram uma dupla consideração em meus planos de tratamento e imagens para nosso trabalho juntos. A análise eficaz tinha de tratar tanto o complexo paterno interno quanto o relacionamento externo com o pai real. A psique foi congelada tanto pelo introjeto paralisante quanto pelo projeto hipnotizante.

No início do processo terapêutico comecei a treinar gentilmente Gretchen em maneiras de interagir não apenas com a sabedoria de sua psique interior, mas também com a psique familiar externa e relacional. Ela deveria lançar um olhar disciplinado e cuidadoso tanto em sua vida de sonho quanto em sua vida de família de origem. Ela escreveu seus sonhos e escreveu para seus pais. O trabalho inicial foi delicado. Gretchen estava sensível e irritada com a menor violação empática, real ou percebida. Ela vacilou sobre seu compromisso com a análise, ameaçando em quase todas as sessões encerrar "esse erro tolo. Isso é muito doloroso, simplesmente não é o momento certo para mim".

Mas, então, depois de um ano de processo, a psique começou a se manifestar de forma vibrante após uma longa série de sonhos de desolação (como aquele sobre seu marido de olhar fixo e faminto). Ela sonhava entrar em "uma enorme catedral gótica [...] tão alta e imensa que era de tirar o fôlego". Ela estava dançando e conversando com uma mulher judia "sobre o sofrimento que ela, como judia, experimentou, as rejeições, a dor"; mas, "também a união de seu povo e a alegria que ela vivenciou nas danças e na música". Ela estava em templos budistas cheios de luz e mistério. Em antigos círculos de deusas e cerimônias em torno do fogo, sangue e sacramento. O si-mesmo estava realmente vivo após anos de abuso e repressão. A alma profunda havia sobrevivido intacta e o ego sabia onde os caminhos de conexão ainda podiam ser encontrados.

Gretchen viveu a infância em um apartamento apertado no subúrbio de Berlim. Esse apartamento seguia o ritmo de um ofício diário de idas e vindas compulsivas, trabalho fútil e silêncios afetivos sufocantes. O sangue do organismo emocional da família foi ficando cada vez mais anêmico com o passar dos anos; especialmente depois que o segredo da família anterior do pai se intrometeu na esfera psíquica consciente da família atual. A repressão dos pais e as rejeições afetivas eram duras e às vezes punitivas. Pela primeira vez em sua vida, Gretchen estava deixando algo mais entrar naqueles aposentos familiares destruidores, como exemplificado por esta vinheta de sonho comovente:

> Nesse ponto, era como se não houvesse mais dois carros, mas Terry [o analista] e eu estávamos sentados um atrás do outro no carro. Eu podia sentir seu corpo contra o meu. Eu podia sentir seu pênis contra minha perna. Eu podia sentir que ganhava vida e crescia contra mim. Nós ficamos sentados lá por um tempo. Achei que não aguentaria a proximidade. Não queria por medo. [...] Saí do carro e fui para casa; isto é, dos meus pais, o antigo apartamento de infância. Era verão. As janelas da sala de jantar estavam total-

> mente abertas. Olhei pela janela para ver se Terry iria embora. Ele não foi. Fiquei na sala de jantar pensando no que fazer. De certa forma, queria que ele fosse embora por causa dos meus medos; por outro lado, esperava que ele fosse ficar. A casa dos meus pais parecia ser um lugar muito seguro. Eu ouvi um carro partindo. Olhei pela janela para ver se era Terry. Era outro carro. Vi Terry ainda sentado em seu carro. Eu ainda tinha fortes e confusos sentimentos. Eu queria que ele fosse, mas ao mesmo tempo queria que ele ficasse e queria muito poder descer correndo para ir ficar com ele (The mother archetype. In *CW* 9 (i)).

Uma nova estação havia chegado ao apartamento familiar interno e externo. Novas janelas de eros e relação foram abertas. Novos pênis de percepção, paixão e promessa estavam penetrando em complexos secretos e tiranias. O ego ainda estava congelado de medo, mas agora o ego estava pelo menos imaginando correr atrás de novos amores e destinos.

Enquanto isso, Gretchen escrevia para a família e fazia longas visitas à casa de sua infância, na Alemanha. Ela estava imaginando em análise as "questões de sentimento" e coisas amedrontadoras que gostaria de explorar com sua irmã, mãe e pai durante essas visitas. Paradoxalmente, ela alternava em se sentir muito mais ansiosa nessas visitas domiciliares e "às vezes tão calma como jamais estive, lá ou em qualquer lugar", enquanto não reativamente fazia perguntas consultivas provocadoras, especialmente aos pais. Conforme Gretchen ganhava percepção e domínio no diálogo com seu complexo do eu, ela ganhava também o domínio de seu eu ambiental. Os dois estavam simultaneamente construindo e reforçando energias.

Por fim, Gretchen decidiu explodir o segredo da família: "Sei que tenho meio-irmãos em algum lugar. Vou encontrá-los e contar-lhes o que sei do passado e perguntar-lhes o que sabem. O terror de meus pais não pode mais controlar minha vida". Essa autoafirmação que desabrochava se seguiu a um sonho dramático de encontrar uma criança perdida em uma masmorra (a palavra francesa em seu sonho era *oubliettes*) ou catacumba, na encosta de uma colina. Gretchen encontrou a criança e acordou enquanto tentava atraí-la para a luz: "A fechadura foi quebrada, a criança estava livre para ir, mas ela ainda tinha medo de deixar aquele lugar horrível, eu sinto tanta conexão e tristeza por ela; tanta dor". Gretchen estava se tornando uma funcionária de serviços de proteção à criança para si mesma. Curiosamente, a derivação francesa da palavra *obliettes* é medieval. Eram as masmorras subterrâneas em castelos onde os prisioneiros políticos e devedores eram mantidos. A palavra significa literalmente "esquecidos". Gretchen estava recuperando as partes esquecidas de sua alma e a inocência perdida que vinha definhando em uma prisão interprojetiva inconsciente.

Utilizando criativamente nosso processo de *coaching* analítico e acompanhando de forma empreendedora os recursos terapêuticos na Alemanha, Gretchen planejou um evento dramático, reuniu a família e definiu a estrutura e a agenda. Com firmeza e sem enfurecer os pais, ela pediu para saber tudo o que seu pai e sua mãe sabiam do passado e da família perdida de meio-irmãos. Ela afirmou seu direito de se conectar com esses parentes de sangue esquecidos.

Gretchen descobriu que sua mãe, devido ao puro medo da mudança, investia ainda mais em manter o segredo e o isolamento do que seu pai. No ano seguinte, Gretchen e sua irmã, agora totalmente mobilizada, vasculharam registros do governo em busca de pistas. Eventualmente, ela localizou os meio-irmãos e programou reuniões comoventes. Durante todo o tempo, ela se encontrou regularmente com os pais e a irmã (em sessões com toda a família e encontros individuais). Em vez de provocar o ataque cardíaco ou a morte de um ou de ambos os pais idosos, que Gretchen temia, ela descobriu que, pelo menos para o pai, emergiu uma nova vibração de vida interior e resiliência interpessoal. Apenas sua mãe ficou mais neurótica e taciturna; outra indicação clara do papel mascarado, mas proeminente de colaboração da mãe na arquitetura dos anos de abuso emocional e contenção na infância. As colaborações doentias e incestuosas desse sistema familiar foram abertas a novos horizontes de desenvolvimento pelos trabalhos conscientes e não reativos de Gretchen.

Familius imaginalis

> *A família é o lugar em que existem tensões de vida e de morte.*
>
> Carl Whitaker, apud Framo, 1992, p. 60.

> *A literatura como panaceia para casais em dificuldades.*
>
> Oudalle. Apud Michel Tournier. *The Taciturn Lovers*, 1991.

O trabalho da família em análise nunca precisa ser literal. Frequentemente, é mais poderoso como presença imaginária. James Hillman está correto em seu repetido e lúcido apelo para uma reanimação do mundo, um real reavivamento de nossa existência fenomênica compartilhada. A Renascença redescobriu essa *anima mundi* e nós também devemos fazê-lo (Hillman; 1983; 1985). As lentes da imaginação são as lentes do divino, trazendo nossos sentidos de volta à consciência da dança dos deuses, que permeia todos os aspectos de nossa existência.

A teoria dos sistemas familiares é um novo fio condutor a ser acrescentado à trama de nosso trabalho intrapsíquico. No movimento e na emoção do mundo externo ele espelha, realça e completa o movimento e a emoção do mundo interno. Como as cobras gêmeas do bordão de Esculápio, a teoria dos sistemas familiares e a teoria analítica junguiana se complementam, bordando o tronco de uma psique plenamente vivida. Os ancestrais vivem não apenas nas imagens do inconsciente objetivo, mediado por nossos complexos e sonhos, mas também nos comportamentos e interações de nossas realidades familiares atuais. Uma terapia holística contempla ambos os lugares; funciona em ambos, conectando os movimentos do esforço humano e da alma.

Psique vive em toda parte. A alquimia da psique é uma verdadeira química para todos os processos vivos, individuais e coletivos. Se a hermenêutica junguiana é coerente, flexível e elegantemente simples para ter uma ampla aplicação nas vastas divisões do intrincado universo, ela deve ser estendida a todos os domínios da experiência, intrapsíquica e interpsiquicamente. E o lugar em que a psique vive talvez com mais abundância é na família e em seus vastos poderes restauradores de imaginação curativa e coletiva.

Referências

Bertine, E. (1992). *Close Relationships: Family, Friendship, Marriage*. Inner City.

Boszormenyi-Nagy, I., & Krasner, B. (1986). *Between Give and Take.* Brunner/Mazel.

Bowen, M. (1981). *Intergenerational Family Therapy* (04-05/12). Seminário patrocinado pelo Seattle Family Institute.

Bowen, M. (1978). *Family Therapy in Clinical Practice.* Jason Aronson.

Campbell, J. (1988). *Historical Atlas of World Mythology* (Vol. 1-2). Harper and Row.

Carotenuto, A. (1982). *A Secret Symmetry: Sabina Spielrein between Freud and Jung*. Routledge and Kegan Paul.

Dodson, L. (1983). Interwining Jungian depth psychology and family therapy through use of action techniques. *Journal of Group Psychotherapy, Psychodrama and Sociometry* (edição de inverno), 155-164.

Edinger, E. (1985). *Anatomy of the Psyche: Alchemical Symbolism in Psychotherapy*. Open Court.

Ekstrom, S. (1988). The family as context for the individuation process: A Jungian approach for working with the family. *The Family: Personal Cultural and Archetypal Dimensions – Proceedings from the National Conference of Jungian Analysts.* C.G. (pp. 79-93). Jung Institute of San Francisco.

Eliade, M. (1978). *A History of Religious Ideas* (Vol. 1-3). University of Chicago Press.

Framo, J. L. (1992). *Family-of-Origin Therapy: An Intergenerational Approach*. Brunner/Mazel.

Framo, J. L. (1972). *Family Interaction: A Dialogue Between Family Research and Family Therapy*. Springer.

Friedman, E. (1985). *Generation to Generation: Family Process in Church and Synagogue*. Guilford Press.

Guggenbühl-Craig, A. (1986). *Marriage: Dead or Alive*. Spring.

Gurman, A. S., & Kniskern, D. P. (1991). *Handbook of Family Therapy* (Vol. 2). Brunner/Mazel.

Gurman, A. S., & Kniskern, D. P. (1981). *Handbook of Family Therapy*. Brunner/Mazel.

Hall, J. A., & Young-Eisendrath, P. (1988). *The Book of the Self*. New York University Press.

Hillman, J. (1992). *We've Had a Hundred Years of Psychotherapy and the World's Getting Worse*. Harper.

Hillman, J. (1985). *Anima: An Anatomy of a Personified Notion*. Spring Publications.

Hillman, J. (1983). *Archetypal Psychology: A Brief Account*. Spring.

Jacoby, M. (1990). *Individuation and Narcissism: The Psychology of the Self in Jung and Kohut*. Routledge.

Jung, C. G. (1973). Answer to Job. In *CW* 11. Princeton University Press.

Jung, C. G. (1970). *Mysterium Coniunctionis. CW* 14. Princeton University Press.

Jung, C. G. (1968). *Aton. CW* 9 (ii). Princeton University Press.

Jung, C. G. (1967). *Symbols of Transformation. CW 5*. Princeton University Press.

Jung, C. G. (1963). *Memories, Dreams and Refections*. Pantheon.

Kerr, M. (1993). *Addictions and the family* (25-26/06). Seminário patrocinado pelo Center for the Family.

Kerr, M. E., & Bowen, M. (1988). *Family Evaluation: The Role of the Family as an Emotional Unit that Governs Individual Behavior and Development*. W. W. Norton.

Lacan, J. (1977). *Ecrits: A Selection* (Trad. De A. Sheridan). W. W. Norton.

Masson. J. M. (1986). Freud and the child sexual abuse controversy (25/11). Artigo apresentado na série de palestras e discussões sobre Freud e a origem da psicanálise. University of Washington Extension.

McGoldrick, M., & Gerons, R. (1985). *Genograms in Family Assessment*. W. W. Norton.

Neil, J. R., & Kniskern, D. P. (eds.) (1982). *Front Psyche to System: The Evolving Therapy of Carl Whitaker*. Guilford Press.

Nichols, M. (1984). *Family Therapy: Concept and Methods*. Gardner Press.

Papadopoulos, R., & Saayman, G. (1990). Towards a Jungian approach to family therapy. *Harvest: Journal for Jungian Studies, 35* (1989-1990), 95-120.

Rutter, P. (1989). *Sex in the Forbidden Zone*. Jeremy P. Tarcher.

Richardson, R. W. (1984). *Family Ties That Bind*. Self Counsel Series.

Samuels, A. (1985). *Jung and the Post-Jungians*. Routledge and Kegan Paul.

Scharff, D. E., & Scharff, J. S. (1991). *Object Relations Couple Therapy*. Jason Aronson.

Scharff, J. S. (1992). *Projective and Introjective Identification and the Use of the Therapist's Self*. Jason Aronson.

Schwartz-Salant, N. (1988). *The Borderline Personality: Vision and Healing*. Chiron.

Slipp, S. (1984). *Object Relations: A Dynamic Bridge Between Individual and Family Treatment*. Jason Aronson.

Stein, M. (ed.). (1982). *Jungian Analysis*. Open Court.

Stein, R. (1973). *Incest and Human Love*. The Third.

Stone, H., & Winkelman, S. (1989). *Embracing Each Other: Relationship as Teacher, Healer and Guide*. New World Library.

Tournier, M. (1991). *The Midnight Love Feast*. Collins.

Ulanov, A. B. (1986). *Picturing God*. Cowley.

Wehr, G. (1987). *Jung: A Biography*. Shambhala.

Williamson, D. S. (1991). *The Intimacy Paradox: Personal Authority in the Family System*. Guilford Press.

Williamson, D. S. (1982a). Personal authority via the termination of the intergenerational hierarchy boundary, part 2: The consultation process and the therapeutic method. *Journal of Marriage and Family Therapy, 8*, 223-237.

Williamson, D. S. (1982b). Personal authority via the termination of the intergenerational hierarchy boundary, part 3: Personal authority defined and the power of play in the change process. *Journal of Marriage and Family Therapy, 8*, 309-323.

Williamson, D. S. (1981). Personal authority via termination of the intergenerational hierarchical boundary: A new stage in the family life cycle. *Journal of Marriage and Family Therapy, 7*, 441-452.

Williamson, D. S., & Bray, J. H. (1988). Family development and change across the generations: An intergenerational perspective. In C. J. Falicov (ed.). *Family Transitions* (pp. 357-384). Guilford Press.

Young-Eisendrath, P. (1984). *Hags and Heroes: A Feminist Approach to Jungian Psychotherapy with Couples*. Inner City.

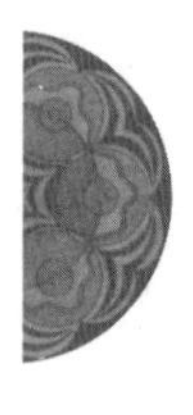

Para uma análise junguiana e tratamento de sistemas com ênfase na individuação no relacionamento

*Laura Dodson**

Introdução

As implicações da psicologia transpessoal de Jung foram revolucionárias em sua época. Hoje estão na vanguarda do pensamento sistêmico em muitos campos, da biologia e química à psicologia e compreensão da cultura. Jung explorou o universo como um sistema total, do qual a psique individual é apenas uma parte da dança maior[1]. Como o pri-

---

* Analista junguiana certificada, terapeuta de casais e de família. Extensivamente treinada com Virginia Satir, é terapeuta familiar e com formação em pensamento freudiano, psicodrama e gestalt-terapia. Laura pratica psicoterapia há mais de três décadas. Ensina e dá palestras em todo o país e no exterior. Aplicou seu trabalho em Jung e sistemas em vários países do Leste Europeu, em relação à recuperação da opressão. É autora de *Family Counseling, A Systems Approach* e de vários artigos.

1. Sistema é definido no *Dicionário Webster's New World* (Simon & Schuster, 1980) como "um conjunto ou arranjo de coisas relacionadas ou

meiro psicólogo transpessoal, a genialidade de Jung reside em sua exploração dos sistemas de energia transpessoal que existem desde sempre e que impactam cada indivíduo. A esses sistemas de energia ele chamou *arquétipos*. O trabalho de Jung se concentrou em grande parte no sistema intrapsíquico e sua interação com o sistema arquetípico.

Jung via os símbolos nas culturas como *pontes* entre o indivíduo e o arquétipo. Os arquétipos nunca são totalmente conhecíveis, mas as imagens e os símbolos são produtos da psique, maravilhosamente cheios de muitos níveis de significado que se movem em direção ao numinoso. Eles se manifestam não apenas nos sonhos de nossa vida interior, mas também em símbolos coletivos em todas as culturas, símbolos encontrados em ritos, rituais, costumes, mitos e contos de fadas. O estudo desses símbolos coletivos levou Jung a uma terceira área de sistemas, a da cultura.

O estudo aprofundado de Jung desses três sistemas – arquetípico, intrapsíquico e cultural –, assim como seu trabalho sobre relações íntimas e pais/filhos, fornece uma base rica para o desenvolvimento de uma teoria de psicologia de sistemas e para o tratamento de sistemas humanos em todos os níveis. Este capítulo e este livro como um todo enfocam a aplicação e a expansão da psicologia junguiana, frequentemente chamada de *psicologia profunda*, para a compreensão e tratamento dos sistemas de casal e família.

---

conectadas de modo a formar unidade ou todo orgânico (sistema solar, sistema escolar etc.); química; um grupo de substâncias em ou se aproximando do equilíbrio". Como definiram Kenneth Boulding e Virginia Satir, todos os sistemas têm partes e uma relação entre elas com os padrões ou as "regras" de comportamento, amplitude de flexibilidade e uma busca pela harmonia ou equilíbrio.

Na seção seguinte deste capítulo descreverei primeiramente alguns dos conceitos básicos de Jung que estabeleceram uma base para o desenvolvimento de uma psicologia de sistemas/profundidade combinada. A segunda seção do capítulo enfocará os arquétipos que afetam os relacionamentos íntimos e é seguida, na terceira seção, por uma discussão que coloca o sistema de intimidade no contexto de uma miríade de sistemas em que vive. Em minha quarta e última seção discutirei uma forma pela qual podemos ver o processo de transformação ou mudança em todos os sistemas humanos. Isso é oferecido como uma contribuição para o que considero um campo emergente: a análise junguiana e terapia para sistemas humanos em todos os níveis.

I – Ideias fundamentais de Jung para construir uma psicologia de sistemas/profundidade

A psicologia de Jung, focada no crescimento em vez da doença, tem como preocupação principal o impulso natural para desenvolver, *desdobrar* ou atualizar o eu interior. Esse processo, que Jung chamou de *individuação*, envolve um processo transpessoal do eu interior no que se refere ao arquétipo central, o si-mesmo ou grande si-mesmo. Na visão de Jung, o si-mesmo é o grande arquétipo; existindo *a priori*, é um aspecto do divino.

A chave no pensamento junguiano, e também na obra de Virginia Satir, é o respeito, até mesmo reverência, com que outro indivíduo é recebido no processo de psicoterapia. Não há divisão energética entre o curador e os feridos. A atitude do terapeuta é: estamos todos em uma jornada humana. O *ferido/curador* é uma energia arquetípica, não dividida na sala de terapia com o terapeuta como curador e o cliente como ferido. Ambos os aspectos são honrados em cada pessoa, permitindo uma parceria de respeito mútuo no processo de cura.

Energia é outro conceito-chave no pensamento junguiano. Ela também existe *a priori*, sendo uma força presente em todos os sistemas. Mais parecido com a nova física do que com Freud, Jung via o mundo como um sistema total. As energias de todos os sistemas interagem e impactam umas às outras, e essas energias podem transformar os sistemas, que estão em processo de evolução e mudança. No processo de individuação, a psique é impactada não apenas de *dentro* (pela energia da libido, do material reprimido e das experiências de vida na primeira infância, como a psicologia de base freudiana abraça), mas também de *fora* (por energias arquetípicas).

Jung cunhou a palavra *sincronismo*, referindo-se aos momentos da vida em que há um encontro entre a energia dos sistemas humanos e a dos arquétipos. Nesses momentos há uma sensação de harmonia, unidade, luz, numinosidade. O reconhecimento de Jung desses momentos investiu a psicologia com um senso de reverência pelo mistério da vida e colocou os processos intrapsíquicos em perspectiva com todos os sistemas.

Outra palavra cunhada por Jung é *complexo*, que descreve a energia autônoma separada, fragmentos da psique que se comportam como sistemas de energia independentes; por exemplo, quando uma pessoa se comporta como se estivesse *fora de si*. A divisão ocorre em relação a traumas pessoais e/ou familiares ou normas culturais, ou talvez até mesmo carma ou destino. A psicologia de Jung não é a de *resolver problemas*, mas de *energia transformadora* bloqueada em complexos, de modo que o fluxo natural de energia pode se mover em direção à individuação.

Muito do trabalho de Jung, seguindo a formulação de suas teorias de energia, individuação, arquétipos e complexos, foi uma exploração de como os sistemas de energia interagem. Em sua vida, ele se concentrou principalmente no sistema da psique individual, seu tratamento e sua teoria dos sistemas arquetípicos. Os sistemas entre o indivíduo e os arquétipos – relacionamentos íntimos (casamento), sistemas familiares, genealogia e sistemas culturais – são discutidos ao longo das *Obras Completas*, mas não com uma abordagem abrangente para análise e tratamento de sistemas. Tenho certeza de que Jung nunca pretendeu que o desenvolvimento de suas teorias e sua aplicação terminassem durante sua vida. Suas ricas obras fornecem uma base sobre a qual outros podem construir uma abordagem de psicologia profunda para análise e tratamento de sistemas.

A inevitável ascensão e queda das nações, conforme defendida por Arnold Toynbee, é questionada quando o conceito de transformação de Jung é aplicado aos sistemas nacionais e culturais. Os sistemas nesta escala podem evoluir ou se individuar? As nações devem morrer literalmente para mudar, ou a "morte" pode ser meramente uma transformação em níveis arquetípicos e simbólicos mais profundos, mudando assim o funcionamento do sistema?

Uma psicologia individual profunda nos torna mais conscientes do que nós mesmos projetamos para fora. Uma psicologia de sistemas nos enriquece ainda mais com a consciência do que também é projetado em nós por nossas famílias, a geneologia, o inconsciente cultural e o inconsciente do mundo, bem como a forma como eles se relacionam. Uma combinação de terapia de sistemas e psicologia profunda oferece um quadro mais completo da psique em sistemas. Pode-se ver mais claramente, não apenas os complexos pessoais, mas também a família pessoal, a genealogia e todos os sistemas humanos. A inclusão dessas questões na psicoterapia nos leva a um senso de compaixão por toda a humanidade, um senso de cidadania mundial. A consciência da interação de todos os sistemas nos ajuda a assumir a tarefa de ficar sobre os ombros de gerações anteriores para fazer nossa parte na evolução da consciência.

O impacto dos sistemas sobre sistemas abre a questão de os indivíduos herdarem aspectos psicológicos dos ancestrais (ou terem acesso a seus sistemas de energia por outros meios que não o ambiente ou a herança biológica). Isso levanta a questão do destino e sua relação com a vontade. A seguir (seções II, III e IV) irei me concentrar em: 1) vários arquétipos que afetam os relacionamentos íntimos, 2) outros sistemas humanos que afetam os relacionamentos íntimos e 3) um processo de mudança transformacional aplicável aos sistemas individual, conjugal e cultural. Um estudo do impacto dos sistemas sobre sistemas nos leva a uma psicologia que pode sair do planeta, ir além do tempo e do espaço e olhar para o grande espetáculo, trazendo essas dimensões e consciência para os esforços de encontrar a cura da dor do momento no consultório.

II – Arquétipos em relacionamentos íntimos

Muitas vezes, representa um grande alívio para indivíduos, casais e famílias em psicoterapia ver suas preocupações pessoais refletidas em mitos e contos populares ao longo da história. Eles passam a ver suas jornadas em direção à individuação e relacionamentos saudáveis como as lutas de outras pessoas ao longo do tempo. Suas lutas, além de sua história familiar e traumas de infância, muitas vezes estão relacionadas a mudanças arquetípicas em sua cultura ou ao mundo como um todo. Desta forma, indivíduos, casais e famílias podem reconhecer seu parentesco com a humanidade. O resultado é menos culpa, vergonha e medo, bem como um maior senso de empatia e compaixão por si mesmo e pelos outros. As energias arquetípicas frequentemente nos empurram e puxam até que nos tornemos mais conscientes dessas energias e como elas se conectam com nossos dramas pessoais, conjugais e familiares. O que se segue é uma discussão sobre algumas energias arquetípicas que afetam a vida do casal.

Individuação como processo arquetípico fundamental na intimidade

O si-mesmo emerge na base de um relacionamento "bom o suficiente" entre pais e filhos e dentro de outros relacionamentos que reparam ou constroem o que foi danificado ou está ausente no relacionamento entre pais e filhos. O conceito de casamento de Jung como um relacionamento psicológico reconhece o próprio casamento como um vaso que pode contribuir para o processo de individuação do nascimento até a morte e a cura das feridas iniciais. No desejo de definir um *teatro* da vida para o desdobramento do si-mesmo, criamos dramas para viver nossas vidas. Esses dramas expandem os limites do nosso crescimento e criam oportunidades para desenvolver os lados sombrios ou não realizados de nós mesmos. Não conheço nenhum outro teatro que ofereça mais oportunidades do que relacionamentos íntimos.

Quando o recipiente do relacionamento é um sistema basicamente saudável, podemos encontrar o suporte e o espelho que permitem que os lados sombrios ou subdesenvolvidos do si-mesmo surjam e sejam mais integrados à vida consciente. Um potencial *letal* também está presente. Os relacionamentos íntimos mantêm a possibilidade de que os indivíduos envolvidos possam ficar presos em níveis inferiores de funcionamento, estabelecendo um *status quo* que é semelhante de muitas maneiras aos aspectos disfuncionais dos sistemas familiares nas famílias de origem daqueles envolvidos. Nós nos acomodamos como se estivéssemos em uma cama de pregos; não é necessariamente confortável, mas a familiaridade traz, pelo menos por um tempo, uma falsa sensação de segurança. O processo de individuação adormeceu temporariamente e o funcionamento está no *piloto automático*.

Apaixonar-se: a primeira experiência arquetípica de intimidade

Quando alguém se apaixona *à primeira vista*, por assim dizer, o Cupido fere, Afrodite encanta. A experiência é o máximo na projeção de aspectos do si-mesmo. É como se essa energia irresistível nos puxasse para um drama no qual podemos encontrar sombras e potencialmente viver no limite de nosso crescimento. A intensidade de *se apaixonar* inevitavelmente em algum ponto se move para o seu oposto. Devemos abandonar o amor e experimentar traições que são inevitáveis, pois a pessoa amada obviamente não é (ou pelo menos não é apenas ou totalmente) aquilo que é projetado. Projetar e recuperar projeções é um processo normal no qual reside a oportunidade de o relacionamento se tornar uma arena de individuação.

O momento mais vulnerável de um casal é aquele depois de se apaixonar, quando descobrem que as projeções não se sustentam. Coragem, confiança e compreensão do que está acontecendo são necessárias para passar para a próxima etapa de uma forma que promova o crescimento.

Casamento como arquétipo

O casamento, simbolizando a união de opostos de masculino e feminino, é uma arena possível para a qual alguém pode ser atraído ou eleito para encontrar os opostos internos. Outras arenas possíveis para a individuação são o sacerdócio ou convento, a imersão no trabalho etc. Adolf Guggenbühl-Craig, um analista junguiano, adverte que o casamento não é o teatro para a individuação de todos, embora a cultura às vezes pressione a sensação de que é o único ou o melhor, e sem ele a pessoa "falhou" (1977, p. 36).

Qualquer que seja o teatro escolhido por nosso inconsciente, ele tende a ser aquele que nos encontra nas margens de nosso crescimento. O próprio teatro conterá tanto um potencial para se aprofundar nos próprios complexos quanto um potencial para crescer além desses bloqueios de energia. Os casais podem estar em estado de transe, estagnados pelo arquétipo do casamento: um sistema externamente dirigido de comportamentos apoiado pela cultura, adotado pelo ego, mas não necessariamente relacionado ao si-mesmo. São as relações que, quando a psique não consegue mais tolerar a apatia, acabam no consultório do psicoterapeuta ou no tribunal de divórcio. O medo relacionado a velhas feridas e a ignorância afetam o potencial do casamento como um meio de crescimento, e a tragédia frequentemente ocorre.

Um exemplo é Ted e Jean. Depois de sua paixão inicial, desenvolveram-se padrões entre eles que lhes permitiram continuar em suas defesas e complexos de infância e se aquecer nos complexos da família e da cultura como se estivessem em um estupor ou transe. Muitas vezes era difícil para eles diferenciar a esposa da mãe ou o marido do pai. Ver o Outro e a si mesmo era difícil. Os padrões disfuncionais que desenvolveram ofereciam algum conforto e segurança. Esse doloroso estado foi mascarado por anos: atendia às expectativas de seu sistema cultural. Jean era uma *esposa e mãe perfeita*, enquanto Ted cumpria seu papel de *herói* no mundo.

Em certo sentido, o casal teve a experiência de *voar alto* no cumprimento dos papéis e na realização de alguns aspectos de suas personalidades. Nisto foram camufladas suas defesas contra o eu ferido. Entre eles, criaram um sistema em que cada qual poderia *adormecer* para proteger as áreas de suas respectivas psiques que eram sensíveis e vulneráveis. Ted e Jean estavam amortalhados no próprio arquétipo do casamento. Para o mundo exterior, pelo menos à primeira vista, eles pareciam o casal perfeito, até que Ted começou um caso, e depois de vários anos Jean o flagrou e o largou furiosa. O formato de casamento não poderia mais sustentar esse casal. O falso eu não conseguia mais funcionar e o verdadeiro eu clamava por espaço neste mundo. A crise foi uma oportunidade para quebrar o estado de transe do arquétipo do casamento.

O arquétipo da criança ferida

Uma das maiores contribuições de Jung para trabalhar com o casal e os sistemas familiares é seu estudo dos arquétipos da grande mãe e da criança (1951, *CW* 9 (i), §§ 81-112) e seu desenvolvimento do tema arquetípico do abandono. Ao se referir ao trabalho de Jung sobre essas questões, Joseph Wheelwright chamou Jung de o primeiro terapeuta de relações objetais (1982, p. 8). Jung via a mãe pessoal como onipresente na psique da criança e assinalou a profundidade das feridas de abandono da primeira infância como a chave para o funcionamento ao longo da vida. A partir deste primeiro relacionamento *íntimo*, relações objetais ou relacionamento com outro são aprendidas; o padrão desta primeira experiência é um fator importante na escolha do parceiro e nas maneiras de se relacionar com ele, particularmente para aquelas pessoas com feridas graves na fase inicial.

A maioria de nós está em um estado de inconsciência quando assume um compromisso com a intimidade. Não temos consciência do desejo interior de nossa criança ferida de encontrar um lar, uma família e novos começos para a cura das feridas iniciais. Esse desejo, como em Ted e Jean, é mantido em segredo. Eles não tinham consciência disso; quando isso mudou para a consciência foi fonte de vergonha, constrangimento e raiva.

O grau de inconsciência da própria criança ferida e da criança ferida do outro, como também a intensidade das feridas iniciais, aumentam o potencial de o arquétipo da criança ferida suplantar o casamento. De repente, no lar de duas pessoas – feitas quatro pela projeção da parte feminina do homem na mulher, e da parte masculina da mulher no homem, formadas seis ou oito pela projeção dos pais nos companheiros – afloram as autônomas personalidades de duas crianças feridas, com a esperança de descansar e se aninhar! Se a experiência da traição ainda não ocorreu, com certeza ocorrerá. Quando a criança ferida do passado sai e não é reconhecida, é novamente abandonada. A ferida da infância é revivida nas mãos da pessoa amada; na maioria das vezes, nenhum dos parceiros sabe o que os atingiu.

Os temas sempre presentes de apego e separação no desenvolvimento infantil mantêm sua força ao longo da vida. A necessidade de vínculo também existe ao longo da vida. O paradoxo de separados e aparentados está sempre presente na intimidade, sendo tanto tema do casamento quanto da infância e da adolescência.

Sombra como arquétipo na intimidade

O potencial criativo de crescimento também estava presente no casamento de Ted e Jean. Enquanto trabalhávamos juntos, pudemos documentar os momentos na história de seu casamento em que a criatividade tentou romper o controle arquetípico do casamento. Muitas vezes, Jean sentiu que queria se desenvolver, voltar à escola, expandir sua criatividade. Seu desejo de desenvolvimento rejeitaria a projeção que Ted tinha sobre ela (e que ela recebeu como parte de sua identidade). Isso perturbaria o equilíbrio do casamento, uma preocupação assustadora para o senso de identidade dela, e dele também. Tornar-se consciente de seus aspectos sombrios era aterrorizante para Jean. O casamento dera a ela um lugar para se esconder. Ela diria "Eu só queria estar em casa e apoiar Ted e as crianças, estar aqui quando eles voltassem para casa etc. Ele era o meu herói". Seu medo de seu próprio herói era obscuro ou subdesenvolvido e projetado no casamento. Ted carregou isso para ela, o que contribuiu para seu falso senso de identidade pessoal e o protegeu de enfrentar aspectos sombrios ou subdesenvolvidos de si mesmo. Ted não precisava olhar para seu medo da intimidade, enraizado na perda repetida de pai e padrasto, contanto que pudesse se ocupar no trabalho e carregar a projeção de herói de Jean.

O casamento deles se tornou um arquétipo da mãe vivido por Jean, com alguns aspectos de *puella* (eterna menina) e amante também presentes no casamento. Ted foi engolfado pelo arquétipo do herói. À medida que esse sistema se tornava mais rígido, seu *puer* (eterno menino) encontrou sua expressão no relacionamento extraconjugal. À medida que o arquétipo da mãe dominava a vida de Jean, outros aspectos do si-mesmo da mulher – a mulher sábia ou *medium* e a amazona ou heroína, bem como a amante mais madura – permaneceram na sombra da psique de Jean (DeCastillejo, 1973, pp. 44-64). Para Ted, o pai e o sábio permaneceram no inconsciente, o *puer* e o herói em primeiro plano. Esse sistema de casamento mantinha um equilíbrio tenso e cada vez mais inflexível. O vaso do casamento, poderíamos dizer, ficou poluído. Não podia conter duas pessoas à medida que se individuavam; mas, em vez disso, tornou-se um repositório de partes não reclamadas do si-mesmo e uma defesa contra as partes não realizadas ou sombrias. Como tal, seu mau funcionamento também contribuiu para bloqueios na individuação de seus filhos.

Movimento em direção ao arquétipo dinâmico da coniunctio *nupcial*

A descrição de *coniunctio* de Jung (1954a, *CW* 14, §§ 654-789) é um modelo poderoso de intimidade nos relacionamentos. O *coniunctio* para o casamento interior com o si-mesmo é o impulso mais profundo que temos. Para Jung, o processo de desenvolver esse relacionamento interno é uma dinâmica intensa e excitante na vida, o cerne do processo de individuação.

É claro que ninguém se casa ou tem filhos para ter dor ou se sentir aprisionado, ou para contribuir com esses sentimentos em outra pessoa. Nosso desejo de nos permitir unificar com o outro luta contra o medo de destruir o frágil senso de identidade que mal conseguimos criar. Desse medo e ignorância de como desenvolver algo melhor, e do reforço de sistemas disfuncionais que se movem sobre nós desde a família de origem, a genealogia e a cultura, sistemas limitantes e arquetipicamente possuídos evoluem. Também é possível que na intimidade, quando podemos retornar à nossa vulnerabilidade e nos sentirmos, na maioria das vezes, seguros por estarmos com outra pessoa naquele estado, possamos encontrar uma recuperação do ser que perdemos ou nunca alcançamos. Nessa vulnerabilidade está o paradoxo da força para curar e crescer.

A *coniunctio* nupcial é um processo arquetípico interpessoal dinâmico no qual ocorre a individuação. Em oposição a uma posse arquetípica estagnada, no arquétipo da *coniunctio* nupcial os sistemas internos e entre os indivíduos estão em constante mudança. Mudança é a única certeza. A vida é um processo, não um resultado estagnado. A instituição do casamento simplesmente empresta uma forma externa para dar alguma ordem ao processo de movimento em direção à união dos opostos dentro e fora (Jung, 1954a, *CW* 14, § 88). O processo dinâmico denota um vaso de confiança no qual as pessoas podem ser vulneráveis. Oferece um local para a recuperação potencial das feridas iniciais e para o desenvolvimento do si-mesmo.

Na meia-idade, os aspectos subdesenvolvidos de Ted e Jean clamavam para serem libertados da prisão letal que haviam desenvolvido inconscientemente em seu casamento. Abordar a questão do desenvolvimento do si-mesmo perturbaria não apenas sua vida interior e seu casamento, mas também os sistemas em todos os níveis, incluindo casamento, família, família ampliada, trabalho, sistemas culturais e sistemas arquetípicos. Eles lutaram. T. S. Eliot descreve esse estado em seu poema, *A canção de amor de J. Alfred Prufrock*:

> E de fato haverá tempo
> Para me perguntar se ouso: "Eu ouso?"
> O tempo é de voltar e descer a escada.
> Com uma falha no cabelo acentuada...
> [...]
> Ouso
> Perturbar o universo?
> Em um minuto há tempo
> Para decisões e revisões que num minuto disperso.
> [...]
> E à tarde, à noite, dorme tão serenamente!
> Acariciada por dedos longos.
> Dormindo... cansada... ou falsa convalescente.
> Esticada no chão, entre nós, aqui ao lado,
> Deveria, depois do chá, bolos, gelados,

> Ter força para empurrar à crise o enredo?
> Mas embora eu tenha chorado e jejuado, chorado e orado,
> Embora eu tenha visto minha cabeça [um tantinho calva] em uma bandeja,
> Não sou nenhum profeta – não que me faça inveja;
> Eu vi o momento de minha grandeza vacilar.
> Vi o eterno Lacaio segurar meu casaco e debochar.
> E, em suma, eu tive medo (II, pp. 37-40, 45-48, 75-86).

Certa vez, Ted descreveu o preço que sua alma pagou em seu casamento ideal de trinta anos, segundo a ótica americana: "Eu sabia que terno usaria toda segunda, terça etc. Eu sabia o que faria todos os dias. Eu me sentia estagnado e deprimido. De certo modo, fiquei contente por ela ter me apanhado no meu caso. De uma forma estranha, estou mais vivo agora do que há anos". O preço do equilíbrio que permitia um repouso temporário era uma certa qualidade ritualística de vida, com o passar do tempo uma diminuição da energia criativa e, por fim, estagnação, repressão e depressão.

Crise na intimidade pode ser vista como o grito da psique para individuar e romper os complexos do sistema dos indivíduos e do casal. A crise contém a semente de uma oportunidade de crescimento. Quando grande parte da turbulência interna do parceiro é projetada e representada no relacionamento, encerrar o relacionamento pode parecer a única maneira de encerrar a dor. A tarefa do terapeuta passa a ser aumentar a segurança enquanto desvela os sistemas internos de ambos os parceiros (seus complexos e feridas iniciais) e o sistema entre eles, e também tornar mais conscientes esses sistemas e como eles se entrelaçam. Esses sistemas devem ser colocados no contexto dos sistemas familiar, genealógico, cultural e arquetípico para completar um tratamento em psicologia profunda e análise deles. Então, a possibilidade de o casamento se tornar um vaso de individuação é aumentada, e uma decisão mais consciente pode ser feita quanto ao fato de o casal escolher a tarefa de construir um sistema de aprimoramento em seu casamento ou a dissolvê-lo.

Um casamento funciona (tem potencial de crescimento ou potencial criativo) se alguém se abre exatamente para aquilo que nunca pediria de outra forma. É apenas esfolando o couro e perdendo-se que se pode aprender sobre si mesmo, Deus e o mundo. Como todo caminho soteriológico, o do casamento é difícil e doloroso (Guggenbühl-Craig, 1977, p. 45).

Nos relacionamentos íntimos, o processo arquetípico dinâmico da *coniunctio* é estimulado quando a coragem e a curiosidade dominam o medo, quando a humildade, a vulnerabilidade e o perdão permitem que alguém admita e lamente a fragilidade humana e siga em frente, em vez de protegê-la ou projetá-la. O objetivo, embora nunca totalmente alcançável, é o de que cada parceiro encontre o eu interior e o encontre no outro. Isso é alcançado no fogo do próprio vaso alquímico do casamento, em que o teatro ativo acende projeções e um "processo saudável o suficiente" é alcançado para permitir a recuperação das projeções e trabalhá-las de dentro, em um amparado e cuidado vaso de relacionamento e com o aumento da confiança no processo de ferimento e cura que os dois adentraram.

Como Jung afirma explicitamente, o processo de individuação é feito de lutas entre o ego e o inconsciente, cada qual fazendo o que quer ao mesmo tempo, tanto quanto podemos suportar; entre os dois, como entre um martelo e uma bigorna, o indivíduo é forjado (1954a, *CW* 14, §§ 521-523). Ainda outro jogo de martelo e bigorna para individuação existe nos relacionamentos íntimos e na família. Lá, quando alguém se atrita contra sombras e projeções e, no processo, diferencia o si-mesmo, a individuação e a intimidade têm uma grande oportunidade.

Em seu capítulo neste livro, Polly Young-Eisendrath discute detalhes práticos no desenvolvimento de um relacionamento saudável em termos de um processo de terapia que vai da comunicação às profundezas da psique. O capítulo de Ann Belford Ulanov discute em mais profundidade a *coniunctio* no casamento. Continuo aqui para definir um contexto mais amplo da miríade de sistemas de energia em que vive nosso relacionamento íntimo, sistemas que têm um grande impacto na intimidade.

III – Outros sistemas humanos que afetam as relações íntimas

Os relacionamentos íntimos, com todas as suas atrações arquetípicas, não existem apenas na arena dos sistemas arquetípicos do eu-casal. Os sistemas familiares, genealógicos e culturais, bem como as mudanças arquetípicas no mundo atual, também têm um grande impacto em nossos relacionamentos íntimos. Os problemas pessoais e conjugais não podem ser vistos ou tratados apenas como problemas pessoais; em vez disso, eles existem em uma miríade de sistemas sobre sistemas e podem refletir complexos em todos os sistemas externos à psique pessoal e inclusive nela.

Jung enfatizou a conexão do eu com o grande si-mesmo. Proponho que entre esses dois sistemas existam outros sistemas humanos que impactam essa conexão (cf. gráfico à p. 44). Dependendo de sua saúde, todos os sistemas entre o indivíduo e o Eu arquetípico podem ser condutores ou bloqueios para a conexão do eu com o Eu arquetípico. Como então aumentar a saúde de todos esses sistemas torna-se uma meta crítica do processo de individuação? Como a análise junguiana pode desenvolver uma psicologia e uma abordagem de tratamento para essa miríade de sistemas?

Expandindo o pensamento de Jung sobre o processo de individuação na psique humana, poderíamos dizer que todos os sistemas humanos são atraídos para o processo de individuação não apenas de cada pessoa, mas também de sistemas conjugais, sistemas familiares e até culturas. Aplicar o termo de Jung, individuação, a esses sistemas nos permite examinar sua saúde relativa ou individuação e nos dá uma base para descrever seu processo de mudança. Virginia Satir oferece uma lista de partes componentes dentro de todos os sistemas humanos: a) as pessoas envolvidas; b) os padrões de comportamento ou regras dos sistemas; c) o contexto; d) o equilíbrio ou flexibilidade; e) o preço e compensação para o sistema operar (1991, pp. 177-178). Seu conceito, ecoa Kenneth Boulding, que oferece uma forma de estudar e "desvendar" os sistemas humanos (1985, p. 11). A psicologia junguiana aborda a análise de sistemas por meio de sonhos, símbolos, mitos e metáforas. Ao aplicar a análise de sistemas de Satir e a psicologia de profundidade junguiana, a análise pode trabalhar em direção à mudança de sistemas nas raízes dos problemas, ao mesmo tempo em que responde aos problemas imediatos.

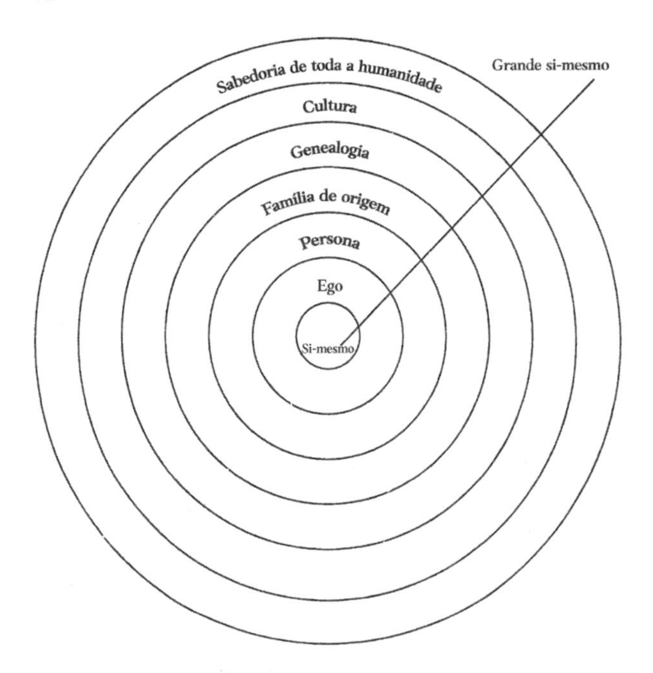

Gráfico: sistemas humanos

A família e o sistema genealógico

Problemas não resolvidos e inconscientes da família de origem e até mesmo da família genealógica da pessoa entram no casamento. A mãe e o pai são projetados no companheiro, e essas projeções devem ser retiradas antes que dois indivíduos possam começar a se mover em direção a um encontro do eu interior e do eu interior do outro. Estes também serão reencenados na criação de seu próprio sistema familiar.

Não vou me aprofundar aqui nos muitos aspectos da psicologia junguiana no que se refere à família e à genealogia. Parte disso é abordado em outros capítulos; é melhor que outros aspectos sejam guardados para livros posteriores. Aqui eu gostaria de enfatizar a importância da análise de sistemas combinada com uma análise pessoal profunda.

Uma expansão das ideias de Jung enriquece a busca introspectiva pessoal, conectando a pessoa com arquétipos por meio do mito. A análise junguiana dos mitos das relações familiares – como A donzela sem mãos, João e Maria, Branca de Neve, João de ferro etc. – iluminam simbolicamente vários aspectos de abandono, traição, problemas de projeção, identificação projetiva, sacrifício de si mesmo etc., enraizados na vida familiar. Além disso, Jung sugere que esses complexos, embora de natureza pessoal e enraizados na família de origem, também fazem parte de sistemas de energia maiores do que o indivíduo e sua família. Eles podem ter um núcleo genealógico e também arquetípico. A meu ver, a análise entrelaçada de sistemas em todos os níveis é essencial para a cura em profundidade.

Mudanças arquetípicas no mundo de hoje

Em 1958, em seu ensaio sobre Ovnis, Jung previu o surgimento do arquétipo do eu ao nos aproximarmos do ano 2000 (1958, *CW* 10, §§ 589-824). Ele viu os objetos voadores esféricos projetados nos céus como símbolos de totalidade, ou o eu arquetípico. Como os fenômenos ocorreram em mais de quarenta nações, Jung os viu como evidência de uma questão coletiva para todo o mundo, sinalizando uma grande mudança na psique de toda a humanidade. Uma vez que Jung estava preocupado com os perigos de as pessoas serem "engolidas" pela energia arquetípica emergente quando estão inconscientes do que está emergindo (e, portanto, despreparadas para enfrentar essa energia), em seus ensaios ele as alertou para se prepararem para a ruptura da psique causada por mudanças arquetípicas e para enfrentarem essas mudanças com um ego forte o suficiente para integrá-las à consciência. Desta forma, as mudanças podem ser oportunidades para aumento da consciência e da individuação.

O que Jung previu está realmente acontecendo? É uma maior união da energia masculina/feminina, dentro e fora, nos sobrevindo? Eu acredito que sim. De fato, desde a previsão de Jung, mudanças ocorreram nos arquétipos masculino e feminino, bem como no arquétipo da criança. Essas mudanças estão ocorrendo em nossa vida pessoal, em nosso casamento e em nossa família de tal maneira, que não podemos nos comportar como antes. Vemos que tais mudanças têm seus efeitos também nas culturas, como pode ser observado com a queda da cortina de ferro. É como se alguns aspectos espirituais femininos fossem aprofundados durante a opressão dessa cortina de ferro, quando as revoluções científica e industrial tiveram pouco impacto negativo na vida interior. Agora, essas energias se encontram liberadas e estão impactando as culturas ocidentais. As culturas com uma energia dominante feminina (*yin*) estão se movendo em direção à integração da energia masculina (*yang*), e vice-versa. Antigos padrões, que nos dizem como devemos ser, são interrompidos em todos os níveis. A velha consciência do ego deve mudar para abrir caminho para um novo movimento no desenvolvimento do eu, e um novo nível de consciência do eixo ego/si-mesmo deve evoluir. Estamos no estágio final dessa mudança arquetípica; incapazes de retornar ao antigo, mas ainda não evoluídos para novas formas de ser.

Historicamente, a América foi dominada pela postura arquetípica dos homens como heróis. Esse arquétipo foi o culminar de 3.000 anos de cultura cada vez mais dominada pela energia *yang*. O arquétipo serviu ao seu propósito; o "indivíduo forte" era fundamental para a estrutura do sonho americano. Negamos a dor, a carência e as limitações humanas para avançar e enfrentar os desafios de conquistar uma nova terra. A meta foi alcançada, em certo sentido, mas como é o caso com qualquer posse arquetípica, pagamos um preço e agora precisamos de correção em todos os níveis: pessoal, familiar e cultural.

Tornamo-nos mais conscientes do preço que pagamos quando tentamos integrar as partes suprimidas do eu. Percebemos que a criança e o feminino foram reprimidos na dura jornada individual e que os homens foram embalados em recipientes pequenos demais para o desenvolvimento saudável de sua psique. Podemos ver partes não integradas do eu contidas nas mulheres, nas crianças, nas minorias e no aspecto reprimido dos homens.

Negros e mulheres foram os primeiros a exigirem a libertação de seu confinamento; o movimento das mulheres e o movimento Black Power emergiram como portadores coletivos dessa mudança arquetípica. Esses movimentos criaram uma grande quantidade de energia; como acontece com todas as mudanças dramáticas na consciência, eles carregam sua parcela de projeção, negação, superidentificação e outros mecanismos de enfrentamento. Diante da energia emergente, esses mecanismos de enfrentamento são uma parte natural das mudanças coletivas na consciência. O movimento das mulheres teve sua oscilação extrema do pêndulo expressa por mulheres furiosas e raivosas, e agora está passando por uma correção. Agora, os homens são vistos menos como inimigos e mais como seres humanos que também precisam de grandes mudanças em sua psique. Há um progresso no movimento, para longe da culpa e em direção a mais liberdade nos papéis e no autodesenvolvimento.

O movimento dos homens agora se concentra em liberar ou integrar parte da energia arquetípica individual do herói/forte com outras partes do eu. Inicialmente, caiu em uma superidentificação com a energia feminina emergente: vimos os homens se tornarem mais conscientes das características femininas como suavidade, abraçar, refletir. Muitos indivíduos se perderam, alguns nas drogas, muitos sofreram com a falta de foco. Alguns homens negaram essa energia feminina e tentaram restaurar a velha ordem. Agora, há mais evidências de que os homens estão integrando os aspectos sombrios de si próprios e expandindo suas possibilidades de papel na cultura. Estamos nos movendo em direção a uma compreensão dos aspectos mais profundos do que significa integrar masculino e feminino, *yin* e *yang*, *anima* e *animus*, e avançamos em direção ao desenvolvimento de formas culturais que facilitam essa mudança.

Nos últimos anos, o movimento das "crianças adultas" se desenvolveu, sinalizando uma mudança no último dos três arquétipos principais: masculino, feminino e da criança. O movimento dos Alcoólicos Anônimos reconheceu a criança ferida e afirmou isso, mas a superidentificação com o arquétipo da criança tem sido parte da inevitável oscilação do pêndulo enquanto buscamos curar esse arquétipo. A criança ferida é uma sombra arquetípica da cultura americana; ela é nosso novo herói, em certo sentido. A criança real e o arquétipo da criança ferida agora carregam as sementes da cura pessoal e cultural. O lado escuro dessa energia emergente é que as imagens de nós mesmos como feridos são um novo lugar no qual ficamos presos; por exemplo, se pegarmos o pêndulo balançando para longe da criança silenciosa e reprimida, mas permanecermos na posição extrema, a da criança furiosa, continuamos presos ao arquétipo da criança ferida.

Durante o domínio do mito do indivíduo forte, a criança real teve o fardo extra de carregar a criança interior ferida e rejeitada pelo pai que, inconscientemente, projetou sua própria ferida no filho. Então, ele rejeitou o filho real por não conseguir ver o filho como uma pessoa real. Na primeira metade do último século, a criança era geralmente retratada como inocente e alegre, com expectativa de valorizar a autoridade e ser subordinada aos adultos. Existia uma cultura de que as crianças "são para serem vistas, e não ouvidas". Então, tornamo-nos uma cultura de idealização, mas ao mesmo tempo despersonalizamos as crianças. Elas eram como bibelôs Hummel na mentalidade dominante da cultura em geral, ou foram gradualmente movidas para os retratos de Norman Rockwell ainda idealizadas, mas um pouco mais humanas, na capa do *The Saturday Evening Post*. Seja como for, elas eram um repositório para aspectos não reclamados da criança nos adultos.

A criança real de hoje está mudando e, na medida em que as mudanças aconteceram, ela se moveu para seu extremo oposto pelo amplo movimento do pêndulo. A criança real está se entregando à raiva. Vemos isso no aumento do uso de armas de fogo em assassinatos aleatórios por parte de jovens. Vemos uma falta de foco na vida de nossos filhos; eles sentem que não há sentido para a vida.

A "criança adulta" também fica furiosa, sentindo que tem direito à reparação. Essas crianças recém-despertadas em nossa cultura agora apontam o dedo para seus agressores, revelando segredos e confrontando questões. Essa raiva e fúria conscientes são um passo importante na evolução em direção à cura, tanto para a criança dentro de cada um de nós quanto para o arquétipo da criança na cultura; importante porque se move em direção a todos os aspectos da criança ter uma voz, em direção à totalidade do arquétipo da criança com todas as suas partes.

No entanto, como acontece com o movimento das mulheres e o movimento negro, este e todos os movimentos devem continuar além da polaridade de abusado/abusador, inocente/culpado, vítima/agressor. Sem o crescimento contínuo da consciência, a oscilação do pêndulo pode se tornar mais uma postura rígida. O objetivo são as manifestações de todos os aspectos do arquétipo. Os sistemas da psique individual e da cultura correm o risco de serem possuídos por um novo aspecto da criança arquetípica, o da inocência diabólica.

Todas essas mudanças arquetípicas afetam muito a vida do casal e da família. Conscientizá-los pode ajudar casais e famílias a verem sua dor pessoal como parte de uma transformação maior na cultura. A empatia por si mesmo e pelos outros é aumentada, capacitando o indivíduo a contribuir não apenas para a mudança pessoal e familiar, mas também para mudanças na consciência, em sistemas maiores.

IV – Para um processo de mudança transformacional nos sistemas humanos

Existem, creio eu, processos comuns que descrevem a transformação saudável em todos os sistemas humanos, desde a psique pessoal até as relações sistêmicas de intimidade e família, incluindo sistemas genealógicos e culturais. Claro, a transformação é um processo que não pode ser enlatado ou forçado a acontecer, mas podemos nos mover em direção a ele.

Correndo o risco de parecer reducionista, mas num esforço para "dominar" o processo de crescimento e mudança, tento aqui descrever os estágios do processo de transformação nos sistemas humanos. Meu gráfico (a seguir) foi inspirado em parte pelo *Ciclo da vida psíquica* (1972, p. 41), de Edward Edinger. Ele nos dá um esboço do movimento em direção à transformação. Vou percorrê-lo três vezes, uma em relação à transformação individual, uma em relação à transformação do casal e da família e, por último, em relação à transformação cultural.

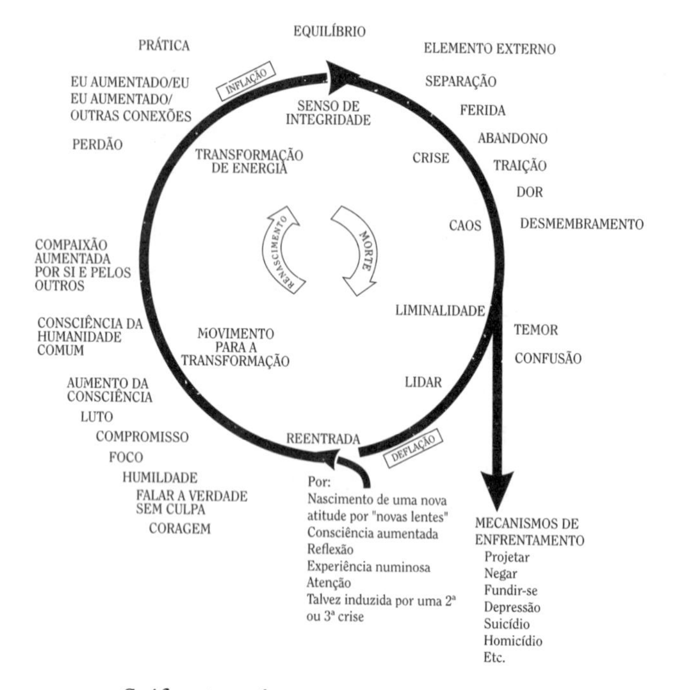

Gráfico: transformação e mudança humana

A) Começando no topo do gráfico e indo para a direita, vemos o feto ou bebê exposto à sua primeira interrupção de bem-estar. Não existem pais perfeitos. O abandono, até certo ponto, é um fenômeno de toda a vida humana. Talvez a primeira traição seja até a própria concepção, onde somos separados das energias universais e encapsulados em um corpo. Ou talvez a primeira separação ou abandono inevitável seja o nascimento, quando somos expulsos do útero. Abandonos e traições vêm não apenas de fontes externas, mas também do abandono de si mesmo. A separação dos aspectos do eu é um processo essencial no desenvolvimento do primeiro complexo, o ego. O desenvolvimento do ego é necessário para se adaptar e viver no mundo e, portanto, é um abandono necessário de si mesmo. Com o tempo, conforme ocorre a individuação, o ego pode se tornar subserviente ao eu. Como tal, o ego é um instrumento do eu, em vez de um complexo isolado.

Somos lançados no caos e na dor, e até mesmo, às vezes, na angustiante sensação de desmembramento, abandono e traição (posição das 2h no mapa). Nosso equilíbrio é interrompido por essas crises; estamos perdidos, no limbo; nosso universo está transtornado. Como crianças pequenas, mesmo como bebês, apesar de nossa mínima experiência de vida e ferramentas limitadas para enfrentar isso, devemos encontrar maneiras de lidar com essa dor e colocar uma nova ordem no caos (4h no gráfico).

Para estabilizar o ego desenvolvemos mecanismos de enfrentamento ou defesas contra a dor. Com nossas famílias aprendemos padrões de defesa "aceitáveis" que podem nos ajudar a tolerar o estresse. Podemos tentar restaurar a velha ordem e/ou negar que algo aconteceu; podemos ficar deprimidos, culpando a nós mesmos, com raiva dos outros, decidir não confiar novamente, tentar fundir-se com um objeto alimentador ou perder o desenvolvimento do ego. Podemos nos sentir suicidas ou homicidas (cf. gráfico, posição das 5h).

Com o tempo, podemos esperar que outra crise – alguma experiência de vida numinosa ou positiva – aconteça para nos sacudir, nos despertar e criar uma oportunidade de crescimento. E podemos esperar que chegue um momento em que sentimos a força do ego e a estabilidade da vida externa para nos permitir ter a coragem de que precisamos para avançar em direção à cura (posições das 7h ou 8h).

As mudanças que ocorrem na criança arquetípica oferecem um exemplo específico para descrever o processo de mudança. Devido à própria natureza da criança, é muito fácil para ela permanecer presa de forma repetitiva no ponto do diagrama de tentativa de reentrada a partir da posição defensiva e, então, ser incapaz de se mover para o lado esquerdo do círculo após a posição das 5h. Essa questão tem a ver com a extraordinária vulnerabilidade da criança que, por sua própria natureza, pode perceber, por vez, apenas uma coisa como verdadeira. Para a criança com ferida pré-verbal, mover-se em direção à duplicidade e conter os opostos é particularmente difícil. A seguir estão os passos no ponto de reentrada que são particularmente característicos às crianças com feridas iniciais.

1) No processo de transformação, as “crianças adultas” experimentam primeiro raiva, mágoa, ultraje, vulnerabilidade e até ódio que as engole em sua agonia. Esta não é a raiva ou a projeção descrita como “mecanismos de enfrentamento” no mapa. Tem uma qualidade prenhe em contraste com uma qualidade estagnada. A

criança adulta sente novamente o abandono, a traição e o abuso ao revivê-los; ela se enraivece e sente uma justa indignação por causa disso.

2) É perfeitamente possível ficar preso neste estágio e vir a desfrutar da inocência desta posição e da raiva que protege essa inocência. Uma postura moralista pode se desenvolver. O "movimento das crianças adultas" muitas vezes fica paralisado neste ponto. O que é necessário, uma vez que a consciência da ferida inicial é adquirida, é ver a conexão com a dor presente e obter a capacidade de diferenciá-la e relacioná-la com a dor presente no eu e nas relações íntimas. Então, o indivíduo ou cada parceiro no relacionamento pode começar a lidar com a angústia presente e descarregar a "bagagem" inconsciente do passado. O adulto pode perceber que, quando as velhas feridas do abandono são tocadas no casamento, é seu temor por sua própria sobrevivência ameaçada, que sentia quando criança, que foi invocado novamente. Esse perigo não precisa estar presente em seu relacionamento íntimo, uma vez que muito mais possibilidades criativas podem ser aprendidas para lidar com a dor e transformá-la do que jamais foi possível em seu estado mais indefeso e dependente quando criança. Consciência e um ambiente seguro na terapia que é testado continuamente são a chave para a transformação dessas feridas, tão letais para a intimidade.

O movimento em direção a essa transformação é uma arte difícil, mesmo em psicoterapia. A arte é enriquecida não apenas pelo trabalho de Jung sobre a criança ferida, mas também pela teoria das relações objetais e pela psicologia do eu. A contribuição inigualável de Jung para a cura nesse nível é o eu relacionado ao grande si-mesmo, um conceito frequentemente visto pelos teóricos das relações objetais como uma negação do estado de abandono. Para um junguiano, o abandono ainda deve ser trabalhado, mas um estado de conexão com o arquétipo da "grande mãe", na ausência da mãe real, está presente nos sonhos e nas imagens da criança ferida. Essa matriz arquetípica pode sustentar a frágil criança interior enquanto o adulto tateia para superar essas feridas. Dá à pessoa com ferida inicial uma experiência de amadurecimento, oposta àquela das pessoas não tão feridas. Ela primeiro contata a matriz transpessoal e depois deve aprender a se relacionar com os seres humanos, ao passo que no desenvolvimento mais normal, uma pessoa se relacionaria com os pais reais como figuras divinas e, depois, enxergaria sua fragilidade. Então, à medida que uma identidade separada evolui mais tarde na vida ocorre uma conexão com o transpessoal.

3) Se ocorrer segurança suficiente para a criança em um nível pessoal e/ou coletivo (alcançado através de limites apropriados e um recipiente de nutrição no presente), a criança ou criança adulta se move em direção à duplicidade, ou à capacidade de manter opostos na psique (ex.: mãe boa, mãe má). Nesse estágio, as crianças feridas vivenciam a si mesmas como abusadas e abusadoras, traídas e traidoras, inocentes e diabólicas. Esse movimento em direção à duplicidade é essencial para a cura. Depois que a criança se desenvolve a ponto de conter, mesmo que em momentos fugazes, a possibilidade de

duplicidade, ocorre a entrada para a segunda metade do círculo no gráfico, e o crescimento pode continuar. Então o indivíduo pode passar a dizer a verdade sem culpa e lamentar o que foi ou não foi (posição das 7h no gráfico). É então que a pessoa deve ser firme e ter um ego forte o suficiente para percorrer o círculo de transformação e encontrar novos problemas emergentes. Como acontece com todas as pessoas neste caminho humano comum, avançamos com responsabilidade e compromisso conosco e com a própria vida. Caminhamos em direção à consciência de que nosso destino faz parte do ser humano, parte do processo de ferir e curar da vida; fazemos parte de uma jornada comum a toda a humanidade. No processo de cura e crescimento, sentimos compaixão por nós mesmos e pelos outros, e mais aceitação do que é (posições das 8h e das 9h no gráfico). A capacidade de perdoar pode "nos sobrevir". É um dom gracioso. Não podemos escolhê-lo, mas podemos avançar em direção a ele por outros aspectos da cura descritos no gráfico (cf. as posições das 7h às 10h). Então, passando para as posições das 11h e das 12h, nos sentimos mais uma vez profundamente conectados a nós mesmos e aos outros. A energia é transformada (cf. o interior do círculo no gráfico, posição das 11h) e novamente experimentamos uma sensação de plenitude.

B) A jornada de transformação e mudança de um casal ou família também pode ser traçada neste gráfico. Cada parceiro, em sua própria infância, aprendeu maneiras de lidar com o abandono e a traição. Quando ocorrem as traições inevitáveis no relacionamento, os mecanismos de enfrentamento aprendidos anteriormente se estendem ao relacionamento conjugal como defesas para proteger contra velhas feridas, resultando no medo de si mesmo e da intimidade. Os membros do casal e do sistema familiar são alvos prontos para a projeção como forma de lidar com a dor presente, bem como com os abandonos e traições originais.

A intimidade também traz a possibilidade de entrar em um novo vaso no qual tentamos curar feridas iniciais (posição das 6h) e continuar a individuação. Com muita frequência, sem autoconsciência e consciência de ferramentas melhores do que tínhamos quando crianças para lidar com a crise e o caos, desenvolvemos na intimidade um sistema que opera de maneira rígida, abrindo pouco espaço para o desenvolvimento de si mesmo e do relacionamento. Como uma gangorra sobre a qual procuramos manter uma posição de equilíbrio, inconscientemente tentamos construir um sistema no qual nos sentimos seguros, embora muitas vezes esses esforços para manter o *status quo* resultem em cair em um "estado de transe arquetípico". O preço do equilíbrio é um preço sobre a vida e sobre a evolução da alma. Uma falsa sensação de segurança é alcançada e mecanismos de enfrentamento dominam a relação (posição das 5h).

Quando as pessoas em relacionamentos íntimos ou em famílias se machucam, velhas feridas são reabertas. Isso pode ser visto como uma oportunidade de crescimento, mas de alguma forma devemos encontrar os apoios internos e externos que nos permitirão arriscar nos conectarmos com o eu interior e com o outro. Somente com esse tipo de apoio poderemos ganhar consciência, segurança e esperança de que a cura possa ocorrer; só então teremos a coragem e a humildade de dizer que sentimos muito, de lamentar nossa dor do passado e de nos conectar, e então separar aquela dor de nossa dor do presente, assumindo a responsabilidade por nosso próprio crescimento e limitações. Devemos adquirir mais curiosidade sobre nossas semelhanças e diferenças, em vez de temê-las, e mais aceitação do processo de ferir e curar da vida. Devemos perdoar a nós mesmos e ao outro, e entrar em uma conexão mais profunda com nós mesmos e com o outro – repetidas vezes –, se for para nossos casamentos se tornarem vasos para nos conter conforme nos individuamos (posições das 6h às 11h).

C) O gráfico da transformação e crescimento humano também se aplica à mudança cultural. Em relação aos Estados Unidos, nos primeiros dias da história do país, estávamos em um estado de consciência inflado e idealizado. Como imigrantes, partimos para "conquistar" e explorar a nova terra. A busca por nossa meta trouxe sucesso; nós nos tornamos a "número um" entre as nações desenvolvidas. Nós nos tornamos o benevolente *Big Daddy* e achamos difícil compreender por que nosso controle e superioridade em doar teria a capacidade de irritar outras nações. Começamos a cair de nossa orgulhosa posição à medida que éramos confrontados aos trancos por nossas próprias sombras – no movimento negro, no movimento das mulheres, na guerra contra a pobreza e no Vietnã. Sentimos vergonha como nação; entramos em crise, caos e abatimento. Caímos numa conjuntura perigosa – a perda do recipiente cultural para a identidade do nosso ego – e nos encontramos perdidos no meio do caminho, incapazes de voltar ao nosso isolamento e à posição de heróis e incapazes de seguir em frente; encontramo-nos em um estado de liminaridade, no limbo (posições de 1h às 3:30h). Quem somos nós como homens, como mulheres, como crianças, como família? Em nossa religião? Como nação? Todas as questões fundamentais de identidade estavam sendo formuladas.

Em uma tentativa de nos acalmar, mudamos para padrões de defesa conforme escalávamos a corrida armamentista e declaramos: "Seremos a número um" (mecanismos de enfrentamento, posição das 4:30h). Às vezes, ficamos deprimidos com nossa inadequação; envergonhados de sermos americanos, nós "jogamos o bebê fora com a água do banho". Outras vezes, porém, tomamos a coragem de ver com otimismo os limites de nosso crescimento para além do abatimento e dos mecanismos de enfrentamento, e recuamos na roda da transformação (posição das 6h). Em uma democracia, idealmente, há um processo embutido por meio do qual um sistema cultural pode ser capaz de se corrigir. Ele permite a expressão do inconsciente à medida que emerge, uma correção natural que pode influenciar a mudança na cultura geral.

A humildade necessária para a transformação é difícil para uma nação de individualistas durões. Ainda temos de passar pelo luto sem nos perdermos na culpa ou na vergonha. Lutamos para avançar em direção ao reconhecimento de nós mesmos como parte de uma jornada humana comum a todo o mundo, todas as nações, todas as culturas. E assim podemos ver o que é necessário para a transformação em nossa cultura à medida que nos movemos ao redor do círculo do gráfico em direção à posição das 6h e além. Este conceito é mais parecido com a descrição do sociólogo Victor Turner em relação à liminaridade cultural do que com o conceito de ascensão e queda das nações, de Arnold Toynbee.

Se um número suficiente de pessoas tem um ego forte o bastante para enfrentar as energias arquetípicas emergentes, isso é o fator determinante, de acordo com Jung, para termos ou não uma Terceira Guerra Mundial. A morte literal será necessária para marcar o início da transformação dos arquétipos básicos de homem, mulher e criança?

Todo o campo da psicologia está em processo de mudança, impactado pelo encontro do Oriente com o Ocidente neste momento. É como se a ex-URSS fosse encapsulada no tempo de Stalin, suas massas isoladas dos resultados negativo e positivo da revolução científica, até mesmo de aspectos da industrialização. Isso, junto com sua rica herança espiritual e comunal – e, na maior parte, sua ausência de uma psicologia freudiana –, traz para o campo em evolução uma dimensão que pode nos oferecer uma correção para o individualismo forte e trazer alguns dos corretivos que necessitamos. Uma outra expansão que deve ser mencionada aqui para se obter uma visão de todo o sistema é uma citação de Kenneth Boulding:

> Certamente seria presunçoso supor que a complexidade dos sistemas terminasse no nível da raça humana. Assim como uma formiga tem muito pouca concepção do sistema humano que pode estar pairando sobre ela, exceto talvez uma vaga percepção de algo grande e talvez perigoso, ou como um cachorro nos percebe como uma divindade benigna e não como outro cachorro, assim também temos que estender sugestões do que está além de nós. Certamente, nossas ideias sobre o transcendente têm um impacto profundo nos sistemas humanos e sociais (1985, pp. 29-30).

A percepção de Boulding inclui, para mim, não apenas sistemas arquetípicos, mas também sistemas ecológicos, sistemas astrológicos e muitos outros sistemas, ainda desconhecidos, que afetam os sistemas humanos. Enquanto dividimos os sistemas para tentar compreender suas partes, devemos lembrar com humildade os muitos sistemas conhecidos e desconhecidos que estão todos entrelaçados: a harmonia ou desarmonia com eles também afeta os sistemas humanos.

Resumo

Existem conceitos junguianos definitivos que oferecem uma base teórica rica para a psicologia de sistemas e o tratamento de sistemas. Esses conceitos podem ser aplicados ao tratamento dos sistemas da psique pessoal, do casal e da família; para compreender o impacto dos sistemas genealógicos nas pessoas; e para analisar e tratar os sistemas culturais. Tudo isso deve ser visto no contexto do impacto dos arquétipos nos sistemas humanos. Além disso, propus neste capítulo um processo definível de mudança ou transformação que pode nos auxiliar na transformação guiada dos sistemas humanos em todos os níveis. A compreensão desses conceitos pode enriquecer o desenvolvimento posterior de uma psicologia de sistemas/profundidade combinada e enriquecer ou ampliar o tratamento de todos os sistemas humanos.

Referências

Bellah, R. N. (1985). *Habits of the Heart: Individualism and Commitment in American Life*. University of California Press.

Boulding, K. (1985). *The World as a Total System*. Sage.

DeCastillejo, I. C. (1973). *Knowing Woman: A Feminine Psychology*. Harper Colophon.

Dodson, L. S. (1987). Problems and pitfalls at the crossroads of cultural change. *Inward Light* (primavera).

Dodson, L. S. (1986). An archetypal view of world distress. *Inward Light* (primavera), 7-15.

Dodson, L. S. (1983a). Intertwining Jungian depth psychology and family therapy through use of action techniques. *Journal of Group Psychotherapy, Psychodrama and Sociometry, 35* (4).

Dodson, L. S. (1983b). Combined analytic and system approaches in working with families. Academy Forum. *Journal of the American Academy of Psychoanalysis*.

Dodson, L. S. (1977). *Family Counseling – A Systems Approach.* Accelerated Development.

Edinger, E. F. (1972). *Ego and Archetype*. Penguin.

Eliot, T. S. (1971). *Selected Poems of T. S. Eliot* (pp. 112-114). Harvest.

Freud, S. (1961). *Civilization and Its Discontents*. W. W. Norton.

Gordon, L. H. (1993). *Passage to Intimacy*. Simon & Schuster.

Guggenbühl-Craig, A. (1977). *Marriage – Dead or Alive*. Spring.

Harman, W. (1988). *Global Mind Change*. Knowledge Systems.

Hillman, J. (1981). *The Thought of the Heart and the Soul of the World*. Spring.

Hillman, J. (1975). *Loose Ends*. Spring.

Jung, C. G. (1958). Flying saucers: a modern myth of things seen in the skies. In *CW* 10 (pp. 311-433). Princeton University Press, 1964.

Jung, C. G. (1954a). *The coniunctio*. *CW* 14. Princeton University Press, 1963.

Jung, C. G. (1954b). The mother archetype. In *CW* 9 (i) (pp. 81-112). Princeton University Press, 1963.

Jung, C. G. (1951). *The psychology of the child archetype*. In *CW* 9 (i) (pp. 151-181). Princeton University Press, 1959.

Machtiger, H. G. (1985). Perilous beginnings: Loss, abandonment, and transformation. *A Review of Jungian Analysis Abandonment*. Chiron.

Satir, V. (1991). *The Satir Model*. Science and Behavior.

Satir, V. (1988). *The New People Making*. Science and Behavior.

Satir, V. (1961-1969). Anotações pessoais de suas palestras (Denver, Colorado e Califórnia).

Slipp, S. (1984). *Object Relations: A Dynamic Bridge Between Individual and Family Treatment*. Jason Aronson.

Toynbee, A. (1947). *The Study of History* (Em dez volumes).

Ulanov, A. (1981). *Receiving Woman*. Westminster.

Wheelwright, J. (1982). *St. George and the Dandelion*. C. G. Jung Institute of San Francisco.

Arquétipos no desenvolvimento e psicopatologia no adolescente

Sue Crommelin-Dell[*]

A adolescência é o estágio vital de desenvolvimento que se encontra entre a puberdade e o estabelecimento de sua própria casa[1]. Durante esse período os adolescentes devem evoluir de crianças em uma família a membros adultos do coletivo social; prontos para ocupar seu lugar na comunidade. A imaturidade, com sua mistura de desafio e dependên-

---

* Diplomada em psicologia junguiana, com mais de três décadas de experiência no trabalho com adolescentes – como líder de um grupo de jovens; mãe, terapeuta e analista. Ela tem ensinado psicologia junguiana e terapia familiar em várias conferências e encontros em todo o país e em Norfolk, Virgínia, onde exerce a profissão. Sue faz uso de imagens arquetípicas da adolescência do cinema americano moderno para demonstrar como os arquétipos atuam no imaginário americano contemporâneo.

1. A palavra em inglês *adolescence* pode ser rastreada até o inglês médio – falado após a invasão normanda de 1066 – entre 1100 e 1500. A palavra tem suas origens no latim e no francês *alere*, que significa nutrir, e *alescere*, começar a crescer. Acrescentando *ad* a esta última temos *adolescere*, conotando "crescer".

cia, deve ser vencida tanto pelo jovem quanto pela família. Winnicott observa que "a única cura para a imaturidade é a passagem do tempo" (Winnicott, 1982, p. 149). Consequentemente, é importante que os adultos deem tempo e espaço para a imaturidade do adolescente e proporcionem o confronto moderado e os limites que o imaturo e ainda irresponsável jovem deve ter para crescer.

Adolescência e consciência

Jung atribuiu um papel crucial à adolescência: o nascimento psíquico. Este consiste na diferenciação consciente dos pais, que normalmente ocorre no momento da erupção da sexualidade; ou seja, na puberdade. Jung afirmou que a erupção da sexualidade constela uma divisão interna que não existia anteriormente na criança e que esse fenômeno é o início do segundo estágio de desenvolvimento. A partir desse ponto no tempo, "[t]odo problema nos força a uma consciência maior e nos separa ainda mais do paraíso inconsciente da infância" (Jung, 1931, *CW* 8, p. 751).

O apego e a oposição são as principais dinâmicas da adolescência. Jung afirmava que a fonte da maioria dos problemas dos adolescentes é a sensação dolorosa de que as exigências da vida estão pondo fim aos sonhos da infância de maneira muito dura. Assim, Jung afirmou que "apegar-se ao nível de consciência da infância" (Jung, 1931, *CW* 8, § 764) é o denominador comum dos problemas da juventude. "Algo em nós [disse ele] deseja permanecer criança, estar inconsciente" (Jung, 1931, *CW* 8, § 764). A agressão está implícita no ato de crescer e separar-se dos pais. Ao deixar de ver seus pais com os olhos de uma criança, o adolescente está descartando as visões arquetípicas de si mesmo e dos pais que se tornaram restritivas. A oposição é, portanto, uma dinâmica central no sentimento e comportamento do adolescente em relação aos pais e à autoridade. O que antes continha, agora se tornou confinamento. Pode até ser percebido como terrível, sufocante e destrutivo para a individualidade emergente do adolescente. Os jovens "lutam para estabelecer uma identidade pessoal, não para caber em uma função designada, mas para atravessar tudo que precisam atravessar" (Winnicott, 1965, apud Davis & Wallbridge, 1981, p. 82). Como consequência, a luta do adolescente por autodefinição ou "para se sentir real" às vezes pode se manifestar em comportamento desafiador, antissocial e até violento.

Erich Neumann foi o primeiro teórico a aplicar as ideias de Jung sobre o si-mesmo ao desenvolvimento da criança e do adolescente (1973; 1976). Neumann conceituou o desenvolvimento da consciência como uma sequência de estágios arquetípicos. Em sua opinião, níveis específicos de desenvolvimento do ego se correlacionam com esses estágios arquetípicos. Cada nível sucessivo de desenvolvimento do ego é baseado em um arquétipo dominante específico que mantém e estrutura o ego. Em cada estágio, o si-mesmo encarna em um arquétipo, mas não se torna idêntico a ele. O aspecto positivo do arquétipo é mostrado pela atração e interesse pelos componentes da próxima fase para a qual o ego está sendo conduzido. Seu aspecto negativo ou terrível se manifesta como medo da fase, e apego a ela, quando está sendo deixada para trás ou transcendida.

A primeira metade da vida é marcada por duas crises de desenvolvimento decisivas, cada uma correspondendo ao que Neumann chama de "luta com o dragão" (1973, p. 205). Uma luta com o dragão ocorre sempre que um renascimento, ou uma reorientação da consciência, torna-se necessário. A primeira crise de desenvolvimento lida com os problemas dos pais primordiais e da formação do ego (entre as idades de 3 e 5 anos). Nessa crise, os pais da criança devem proporcionar a segurança secundária do mundo humano quando o ego emerge do estado urobórico de união primária com a mãe[2].

A segunda luta com o dragão ocorre na puberdade, quando surge uma nova relação entre o ego e o si-mesmo. A puberdade é "um momento de renascimento que culmina no herói simbólico que se regenera lutando contra o dragão, tornando-se assim pronto para a iniciação na comunidade maior" (Neumann, 1973, pp. 400-403). O fracasso em uma luta com o dragão deixa a criança imersa no campo de força dos pais:

> Ser a queridinha da mãe é um sinal de não ter realizado a luta inicial com o dragão que encerra a infância. Esse fracasso torna a entrada na escola e no mundo de outras crianças impossível, assim como o fracasso nos ritos de iniciação na puberdade [ou seja, a segunda luta com o dragão] impede a entrada no mundo adulto de homens e mulheres (Neumann, 1973, p. 403).

Dessa perspectiva, a tarefa de desenvolvimento a ser realizada na adolescência é separar os pais *arquetípicos* dos pais *pessoais*. Quando desapegado com sucesso dos pais pessoais,

---

2. A pesquisa de observação infantil, a partir dos escritos de Neumann, contribuiu com dados empíricos para aumentar e modificar a perspectiva mais intuitiva dele. O bebê, p. ex., pode ter a ilusão de unidade com a mãe nos primeiros meses de vida, mas é considerado um ser único e separado do *in utero*. Cf. Stern, 1985; Piontelli, 1987, p. 453; Miller, 1989; Sidoli, 1989, Piontelli, 1992.

o arquétipo dos pais primordiais é projetado no mundo mais amplo fora da família. A projeção do arquétipo do pai molda a relação do adolescente com a figura do mestre, professor ou líder. A projeção do arquétipo da mãe estrutura as visões de um país, comunidade, igreja ou movimento político.

Neumann dividiu a síndrome adolescente predominante da luta com o dragão em quatro subfases. Cabe ressaltar que Neumann lidou apenas com os homens quando descreveu estas categorias: 1) o filho-amante passivo e doce definhando sob as ordens da grande mãe; 2) o amante lutador que é dilacerado pela culpa, medo, ódio e fascínio pela mãe terrível; 3) o jovem herói, que vence sua batalha contra o dragão; e 4) o jovem que está pronto para ser iniciado como um membro adulto do coletivo.

Filho-amante

Adolescentes com idades entre 12 e 14 anos podem parecer andróginos. Muitos adolescentes do sexo masculino nessas idades parecem muito suaves e bonitos. Não há barba ou consolidação das características faciais da criança em uma configuração masculina adulta. Com um olhar superficial, muitas vezes não se sabe se um jovem dessa idade é homem ou mulher. A natureza afeminada do jovem adolescente do sexo masculino pertence ao "estágio intersexual do filho-amante" (Neumann, 1973, p. 157). Neumann viu esse estágio inicial da consciência do ego representado na mitologia do relacionamento do filho-amante com a grande deusa mãe:

> As figuras de Átis, Adônis, Tamuz e Osíris nas culturas do Oriente Próximo não nascem apenas de uma mãe [...] são [também] os amantes de sua

> mãe: são amados, mortos, enterrados e lamentados por ela, e então renascem por meio dela. A figura do filho-amante segue as etapas de embrião e criança. Diferenciando-se do inconsciente e reafirmando sua alteridade masculina, ele quase se torna parceiro do inconsciente materno. Ele é seu amante, assim como seu filho, mas ainda não é forte o suficiente para lidar com ela. Sucumbe a ela na morte e é devorado [...]. O princípio masculino é [...] ainda jovem e primaveril, o mero começo de um movimento independente para longe do lugar de origem e da relação infantil [...]. [Esses] meninos frágeis como flores não são fortes o suficiente para resistir e quebrar o poder da grande mãe. Eles são mais animais de estimação do que amantes (Neumann, 1973, pp. 47-48, 51).

Muitos adolescentes ficam presos nessa fase do início da adolescência. Com frequência, eles se envolvem profundamente com a maconha. Um menino psicótico de 16 anos, fortemente viciado em maconha, disse-me que sua amada era Mary Jane, um coloquialismo então corrente para a maconha. Esses adolescentes definham em uma névoa de *erva*, incapazes de encontrar motivação para qualquer coisa.

> Caso C – "C" poderia ser chamado de verdadeiro deus da fertilidade, cuidando com orgulho e atenção de sua plantação de maconha cultivada no bosque perto de sua casa. Ele trazia o símbolo da planta em sua camiseta, numa tatuagem caseira no braço e o rabiscava repetidamente quando estava entediado. Usava uma grande fivela de latão com a insígnia da erva, dada a ele por sua devotada mãe, que também podia gritar com ele como uma bruxa, [ele relatou], expulsando-o de

> casa para ir morar com o pai [ele nunca ficava muito tempo]. Seu cabelo ia até os ombros, cobrindo um rosto bonito e suave, de onde espiavam olhos eloquentes, e que muitas vezes se reviravam em exasperação com sua mãe.

As mães podem se relacionar com seus filhos púberes (entre 11 e 13 anos) com tal intensidade, que existe uma aura de excitação sexual entre os dois. Na privacidade de uma sessão de terapia familiar, os olhos desses meninos ficam fixos nos rostos das mães.

> Caso A – A mãe de "A" reclinou-se no sofá durante uma sessão de terapia familiar e colocou os pés calçados com meia de seda no colo do jovem filho, enquanto o pai dele ficava ali sentado, com ar infeliz. Rindo, ela e o marido contaram como seu "bebê" (A) costumava chutar o pai nas canelas quando este voltou do Vietnã onze anos antes e se atrevia a abraçar a esposa. "A" não parecia incomodado com os pés da mamãe em seu colo, nem com essa história.

A transição da criança para adolescente também é marcada pelo surgimento do medo e de um sentimento de morte à medida que o ego "sai do círculo mágico [...] e se vê em solidão e desacordo" (Neumann, 1973, pp. 114). O desejo sexual e o orgasmo são experimentados como "falo e útero transpessoais todo-poderosos [...]. A mãe ainda é uma influência muito grande e se transforma na 'mãe terrível' que, como sedutora, confunde os sentidos e enlouquece os homens. Nenhum adolescente pode resistir a ela. [D]issolução da personalidade e da consciência individual [podem resultar, pois] a insanidade é um sintoma recorrente de possessão por ela [...]" (Neumann, 1973, p. 61).

> Caso E – Um garoto de 13 anos, louro, rechonchudo, com cara de lua, pubescente, passou sessão após sessão atirando dardos com ponta de borracha contra alvos ou construindo castelos e encenando batalhas entre os exércitos dos G. I. Joe e de Zartan, o homem-camaleão. As batalhas eram notáveis por sua extraordinária variedade de armas e peripécias sob fogo-cruzado. O menino parecia estar tentando desenvolver a masculinidade. Solicitado a desenhar uma pessoa do sexo oposto em um teste psicológico, o que saiu foi uma criatura feminina "de aparência maligna", cuja parte inferior do corpo terminava em uma cauda pontuda. Quando foi hospitalizado pela primeira vez [no ano anterior], ele se agarrou à mãe com tanta força, berrando e chorando, que acabou tendo de ser subjugado por cinco membros da equipe. A ligação simbiótica entre mãe e filho era quase fisicamente visível. Agora, a onda de sensações sexuais e erupções de fúria alucinatória exigiram que ele fosse hospitalizado novamente. Havia atacado a mãe e a irmã com um atiçador de lareira. Ele também ameaçou a mãe com uma faca – para cortar o cordão umbilical?[3]

Lutadores

No estágio de Neumann dos gêmeos ou lutadores, o jovem toma consciência de si e começa a dizer "Não!" para a

3. Neumann afirmou que a sexualidade percebida como perda da consciência do ego e de se sentir dominado pela mulher é uma experiência arquetípica na puberdade para os homens (1973, pp. 60-61).

uroboros, para a grande mãe, para a atração da inconsciência. Como Neumann coloca, "[o] lema de toda consciência é *determinatio est negatio* [...]. Eu não sou isso!" (1973, p. 121). O gêmeo ou lutador sente-se dividido porque a aquisição de um ego não elimina o formidável outro lado, que resiste ao processo de se tornar consciente. A dúvida pode levá-lo ao desespero, ao suicídio, ao assassinato do ego e uma automutilação que culmina na morte. As imagens subjetivas dos pais, especialmente da mãe, são vistas como instrumentos de opressão perigosa e avassaladora a serem evitadas ou enfrentadas com medo.

O jovem adolescente experimenta parte da força destrutiva que antes pertencia à mãe terrível como uma possessão pessoal. Essa tendência destrutiva é assimilada por meio da automutilação, de pensamentos suicidas e de tentativas de suicídio. O ego começou a ganhar controle sobre a tendência agressiva anteriormente projetada na mãe e/ou no pai e a torná-la um conteúdo da consciência.

> Caso F – Uma garota de 14 anos confidenciou que ainda tinha muito medo dos pais quando eles ficavam com raiva. Ela também disse que se sentia animada e imperturbada com o fato de "acidentalmente" ter incendiado bosques próximos com fogos de artifício (do tipo M-80) enquanto seus amigos ficavam assustados. Ela parecia gostar do poder desse ato destrutivo. No início do ano, ela havia arrancado pelos das costas dos dedos e dos antebraços e cortou-se na região dos pelos pubianos. Ela também insistiu em furar os lóbulos das orelhas com um alfinete não esterilizado uma segunda vez, contra as ordens de seus pais.

A insegurança produzida pelo senso de divisão contínua em sistemas psíquicos opostos (i. é, consciência do ego *versus* inconsciência) também pode levar a dúvidas profundas, que se manifestam em narcisismo e *Weltschmerz* (cansaço do mundo). O egocentrismo e a autoabsorção, traços tão característicos da adolescência, são exageros da própria importância e resultam da muito recente emancipação do inconsciente experimentada pelo adolescente. Por outro lado, o egocentrismo é contrabalanceado também pelo autodestrutivo *Weltschmerz* e no inconsciente ódio a si mesmo.

Na opinião de Neumann, a fase dos lutadores tem um lugar legítimo na puberdade. O ego que pensa em se matar é mais ativo, mais independente e mais individual do que a triste resignação do lânguido filho-amante. Neumann considerava heroicos os atos autodestrutivos e a autodivisão trágica do lutador.

> Caso B – "B" era um rapaz de 14 anos que parecia um *hippie* dos anos de 1960, com cabelos esvoaçantes na altura dos ombros que lhe cobriam metade do rosto. Havia cicatrizes de queimaduras de cigarro em seus antebraços por brincar de "desafio" sozinho ou com outros meninos. Ele tentara três vezes o suicídio, mas afirmou que as duas primeiras haviam sido acidentais porque ele estava "noiado" com drogas e álcool. Ele também fugira várias vezes, colocando-se em perigo ao pedir carona. A terceira tentativa de se matar envolveu tomar todos os comprimidos que encontrou no armário do banheiro de sua mãe. Disse que só queria dormir e nunca mais acordar. Ele me contou que ir para o hospital, para um centro de detenção ou ser separado de seus

pais de outra maneira era um destino pior do que a morte. No dia em que teve uma overdose, ele recebeu uma sentença judicial por agredir uma professora.

Caso A – "A" destruiu uma unidade hospitalar e foi transferido por ser incorrigível. Sua última tentativa de suicídio foi a mais séria: um coquetel de medicamentos, drogas ilícitas e álcool. Ele estava cheio de ódio de si mesmo quando o conheci. Seu irmão mais velho atirara no próprio abdômen com uma espingarda dois anos antes e, milagrosamente, havia sobrevivido. "A" não via razão para viver.

Caso D – Uma menina de 15 anos, "D", fugira de pais adotivos repetidas vezes, circulava com amigos antissociais, metia-se em pequenos problemas com a lei e, então, de forma séria e sincera, prometia nunca mais fazer tais coisas. Em uma fuga, ela passou várias noites terrivelmente frias debaixo da casa de um conhecido. Quando mentia e roubava, pensava com frequência em suicídio. Outras vezes, era docilmente cooperativa, acadêmica e socialmente competente e também uma líder nata. Essa era a velha "D" que seus pais conheciam antes de ela chegar à adolescência. Em suas sessões de terapia, mostrava-se cheia de autoaversão e expressava descrença em relação ao seu comportamento autodestrutivo. Tinha um desejo inexplicável de engravidar, mas "tinha bom-senso"; no entanto, ela se expunha a esmo à possibilidade de gravidez. Estava dividida contra si mesma em níveis fundamentais. Sua situação ficou ainda mais complicada pelo fato de ela ter sido adotada quando criança. Não apenas estava dividida contra si mesma, mas também lutava com uma mãe *imago* que continha uma mãe "má" (a mãe biológica que estava na prisão por passar cheques sem fundos, e de quem ela havia sido tirada aos 3 anos por causa de abuso e negligência), e uma "boa" mãe (a mãe adotiva que acolhera a ela e sua irmã numa amorosa família cristã).

Caso G – Uma garota de 15 anos roubou o carro da família e se envolveu em uma perseguição em alta velocidade com a polícia, batendo em uma barreira erguida para impedi-la. No hospital, ela se apresentou como Jennifer. Seu nome de batismo era Pam. Ela disse que "faz coisas ruins" quando é Pam, mas faz o gênero de líder de torcida popular quando é chamada de Jennifer. Pensava com frequência em morte e suicídio. Ela se envolveu em sexo promíscuo com meninos de forma patética, descontrolada e festeira. Ela lutava desesperadamente contra sua tendência à autodivisão, tentando se encaixar em seu ambiente, custasse o que custasse. Mentia para agradar a quem estivesse com ela. Seus sonhos eram povoados com imagens terríveis de filmes de terror em que mutilação, desmembramento e morte eram fundamentais.

É durante a fase dos lutadores ou gêmeos que os adolescentes primeiro se tornam autoconscientes[4]. Então, eles sentem a autoalienação e o autodistanciamento, que são marcas da duplicidade essencial da consciência. Os adolescentes mais gravemente perturbados manifestam temas convincentes de desespero, destruição, amor, ódio, rebelião, apego e medo, temas que nos fornecem uma janela para as bases arquetípicas da psique adolescente durante esta fase de desenvolvimento.

Trapaceiro

A fim de se conformar à realidade, a vontade de poder do ego deve dar lugar às leis de mudança interna ou necessidade externa. Tal submissão não é fácil ou automática para os jovens. Durante o início da adolescência, a figura do trapaceiro pode ser uma fonte arquetípica de resistência à mudança necessária para adquirir o fortalecimento do ego. O trapaceiro "não conhece diferença entre certo e errado, não aceita nenhuma disciplina além de suas próprias atitudes experimentais em relação à vida" (Henderson, 1979, p. 36). Embora não seja mencionado por Neumann, o trapaceiro parece ser um estágio intermediário entre o lutador e o herói.

O trapaceiro é uma figura arquetípica cujos apetites físicos dominam seu comportamento[5]. Ele tem a mentalidade emo-

---

4. Eu gostaria de desenvolver exemplos usando mulheres para todas as classificações de Neumann em outro artigo. A fase dos lutadores facilmente inclui meninas.

5. Existem poucos exemplos de mulheres trapaceiras na literatura. Uma que vem à mente é Agnes Whistling Elk, uma xamã retratada no livro de

cional de uma criança: baixa tolerância à frustração e nenhuma capacidade de adiar a gratificação. Além disso, costuma ser cruel, cínico, insensível e travesso. Em geral, o trapaceiro é identificável por um atributo fálico e/ou mágico geralmente proeminente, a habilidade de mudar de forma, a tendência para infligir (e sofrer) dor e ferimento, humor astuto, impulsividade e curiosidade intrometida. Uma das características marcantes do trapaceiro é uma falta de consciência abismal: "Ele faz as coisas mais atrozes por pura inconsciência e falta de identificação" (Jung, 1954, *CW* 9, p. 473).

Os trapaceiros mitológicos incluem o coiote norte-americano, o mercúrio alquímico, o Loki nórdico, o macaco chinês, o grego Prometeu, Hermes, Lúcifer, o italiano Pulcinella, Merlin, Punch, o Coelho Quincas, George Curioso e o Carlitos de Charlie Chaplin. A predileção dessas figuras por piadas astutas e travessuras maliciosas, seus poderes como metamorfo, sua natureza dual (meio animal, meio divina), uma exposição a todos os tipos de torturas e uma aproximação à figura do salvador, tudo indica a presença do trapaceiro.

> Caso B – "B", o garoto de 14 anos com cabelo esvoaçante e ondulado na altura dos ombros e queimaduras de cigarro nos braços, personificava muitas características do trapaceiro. Visto por trás, parecia uma menina, especialmente na maneira como andava; de frente, era um menino-homem durão com um sorriso travesso e astuto. Ele era ao mesmo tempo uma criança sincera, dócil e doce, e um rosnador animal raivoso, que literalmente mostrou os dentes para o

---

Lynn Andrews. Em um livro recente, *Mercury Rising: Women, Evil and the Trickster Gods*, minha colega Deldon A. McNeely apresenta suas explorações da versão feminina do trapaceiro.

terapeuta. Durante a primeira sessão, ele chorou como uma criança abandonada; na segunda sessão, cumprimentou o terapeuta com um beligerante: "Chupe o meu pau!" Temas fálicos e agressivos emergiram novamente quando, em uma explosão de raiva psicótica durante uma sessão de terapia familiar, ele deu um pulo e gritou: "Vou cortar sua cabeça, pregar na parede e usar sua boca como mictório!" Seu antebraço exibia a tatuagem "Dr. B." "Dr. B." expressava tanto seu desejo de ser um curador [ele tinha aspirações de se tornar um médico quando era mais jovem] quanto sua função como fornecedor de drogas para seus amigos.

Quando a medicação tornou "B" mais psicótico, ele foi transferido para uma unidade de jovens psicóticos com estrutura mais rígida e retiraram sua medicação. Lá, ele começou a responder às regras extremamente firmes e coerentes e ao cuidado da equipe. Quando seus pais estipularam regras em uma visita do adolescente ao lar, ele comentou mais tarde que eles "passaram no teste neste fim de semana". Isso ilustrou claramente sua necessidade de ser contido por meio de um confronto firme e não vingativo por parte dos adultos. Ele começou a emergir como um líder em sua unidade, assumindo o papel de um herói. Um dia, enquanto caminhava por uma trilha na floresta, uma cobra caiu diante dele na altura dos olhos, pendurada de uma árvore. Ele a jogou no chão, matou-a com o salto da bota, arrancou-lhe a pele e orgulhosamente levou o troféu para casa para exibir na parede. Teria sido esta a sua luta com o dragão?

> Seu relacionamento com sua devotada e parecida mãe tornou-se mais distante. Por outro lado, ele ficou mais próximo de seu pai, que lhe impôs limites. Seus pais estabeleceram tantos padrões e regras na época da alta, que ele chamou sua casa de "Instituto Casa", em homenagem ao hospital [Colonial Institute] que o ajudou a transformar suficientemente sua energia de trapaceiro [e lutador], permitindo-lhe seguir em frente com o seu desenvolvimento.

A MTV® oferece uma grande variedade de trapaça – cortes rápidos, situações bizarras, humor malicioso, piscadelas astutas, dor infligida e recebida, gratificação instantânea, violência, sexo, ações ultrajantes e estúpidas, fenômenos fálicos e mágicos. No canal de televisão preferido do adolescente, todas as leis da gravidade, do bom gosto, da moda, da tradição e da arte de fazer e gravar filmes parecem feitas para serem quebradas. A ilegalidade é a lei. O que a maturidade vê como ilegalidade, no entanto, a adolescência vê como criatividade e vitalidade[6]. A energia do trapaceiro, muitas vezes vista como nociva e/ou sem sentido pelo observador adulto, pode, não obstante, ser uma necessidade de desenvolvimento para o adolescente.

O arquétipo do trapaceiro parece incorporar "um tipo de ilegalidade divinamente sancionada que promete se tornar heroica" (Henderson, 1979, p. 36). No ciclo do trapaceiro da Tribo Winnebago, o coiote gradualmente evolui de um

---

6. "Então, para nos vermos, voltamos os olhos para onde nossos pais torcem o nariz – a MTV®. Com seu formato chamativo e frenético, edição impactante de som e vídeo, e um sabor semimulticultural, a MTV® celebra nossa criatividade e vitalidade, validando a confusão de crescer em uma era de ambiguidade" (Jones, 1994, B7).

animal brutal, selvagem e estúpido para um ser útil e sensível com muitos atributos humanos. Em *Clube dos cinco*, um filme sobre cinco adolescentes, um jovem delinquente vai adquirindo gradativamente qualidades mais heroicas e humanas. Ele evolui de um trapaceiro destrutivo e irracional para um herói malandro, cujas ações salvam os outros. No fim, ele recebe um diamante (geralmente um símbolo do si-mesmo) de uma das garotas.

Herói

A mitologia está repleta de imagens que descrevem a competição entre o herói e o poder do mal, muitas vezes personificado como um dragão ou algum outro monstro. Essas antigas histórias e contos de fadas retratam a luta da humanidade primitiva para alcançar a consciência. No desenvolvimento da consciência, o herói é o "meio pelo qual o ego emergente supera a inércia da mente inconsciente e liberta a pessoa em maturação dos anseios regressivos" (Henderson, 1964, p. 118). "A principal façanha do herói é superar o monstro das trevas; é o tão almejado e há muito esperado triunfo da consciência sobre o inconsciente" (Jung, 1934, *CW* 7, p. 284). Sempre que o ego precisa de reforço surgem símbolos do herói. Não é de surpreender que o mito do herói tenha significado para o adolescente que está tentando descobrir e afirmar sua própria personalidade. Como disse Henderson (1964), "a função essencial do mito do herói é o desenvolvimento da consciência do ego do indivíduo; a consciência de suas próprias forças e fraquezas, de modo a equipá-lo para as árduas tarefas com que a vida o confronta" (p. 112).

Caso A – "A" tinha sido um verdadeiro filho--amante de sua mãe. Ele desempenhara o papel de "menino sexy" na unidade, relacionando-se com todas as mulheres, jovens e velhas, funcionárias e pacientes, de uma forma flagrantemente sedutora. Tanto o lutador quanto o trapaceiro estavam presentes. Quando ele não estava deprimido, era arrogante e travesso, frequentemente impetuoso e sempre dramático e "cheio de si". Levava a todos, menos os mais experientes funcionários, à desorientação, até mesmo ao desespero, enquanto tentavam não ceder à pressão e enfrentar seu desafio. Ele parecia testá-los quanto à fortaleza de caráter.

Então, silenciosa e gradualmente, outro aspecto começou a aparecer. Ele começou a falar sobre seus sonhos, muitas vezes esboçando-os enquanto descrevia a ação contida neles. Um professor gentil, mas firme, começou a domesticá-lo. Ele escreveu um conto de fadas que chamou de "A bela e a fera". Escreveu canções para tocar em sua guitarra. Também se identificou com um astro do *rock*/compositor [Jim Morrison], cuja biografia estava lendo. Morrison havia cometido suicídio e "A" explorou o que o suicídio pode significar. Ele falou sobre a tentativa quase fatal de suicídio de seu irmão e sobre as questões mais amplas da vida e da morte.

O nome de "A" era o de um herói celta. Ele ouviu com interesse a lenda de seu homônimo. Pouco depois, teve o seguinte sonho:

> É um quarto vazio, recém-pintado de amarelo-vivo com uma passagem aberta

> e um terraço no segundo andar de um prédio à beira-mar. É um dia radiante de sol. Está muito claro no quarto. Há armas no chão, rifles como rifles de veado, talvez quatro ou cinco enfileirados. Entro no quarto. Não consigo me lembrar antes, mas sei que havia pessoas nele. Há janelas ao longo de uma parede com vista para um cenário ensolarado, muito claro.

"A" apresentou uma enorme energia e excitação maníaca ao contar esse sonho. Na noite seguinte, ele organizou uma "barricada" na unidade hospitalar, bloqueando o corredor com móveis e ocupando um quarto com outro menino e duas meninas. Móveis foram empilhados contra a porta. Quando me contaram sobre o episódio, lembrei-me dos ferozes combatentes do IRA lutando na Irlanda do Norte contra os soldados britânicos. A equipe acalmou "A" e seus confederados; na manhã seguinte, eles saíram do quarto por conta própria. O quarto e os móveis sofreram danos, mas ninguém foi ferido e nenhuma das meninas ficou grávida. Eles foram contidos.

O sonho estava cheio do princípio masculino (simbolizado pela luz do sol e pelos rifles). De um ponto de vista arquetípico, "A" foi infundido com energia masculina. O pai de "A", embora soldado profissional, era uma figura bastante distante e passiva na experiência do menino. Ainda assim, o pai tinha o nome heroico por excelência de um lendário rei celta. "A" lutou contra os pais primordiais disfarçados de equipe e estrutura da unidade. Ele havia "matado o dragão" de maneira simbólica, embora concreta e encenada. Algo significativo havia ocorrido em sua psique. "A" agiu como herói após sua aventura, um pouco arrogante; porém, mais calmo e seguro de si. Os pares o consideravam como líder. A sexualidade descarada e impetuosa foi modulada. Ele não se sentia mais deprimido. Duas semanas depois, "A" sonhava com sua masculinidade em amadurecimento:

> Eu estava em algum lugar com um cara chamado Ting [da Tailândia] que toca guitarra. Um grande concerto iria acontecer naquela noite. Eu disse a ele "Quero tocar uma Flying-V®", uma guitarra da qual geralmente não gosto. Fomos pelos corredores até os bastidores. Ele voltou e a pousou no chão. Ting disse: "Tem ferragem dourada". Era uma Stratocaster® branca com ferragens douradas, exatamente o oposto da minha guitarra preta/prata. Peguei-a e fui para a frente direita do palco. Liguei a guitarra na minha caixa e começamos a tocar "A Whole Lot of Loving Going On". A princípio, minha guitarra não estava alta o suficiente, aumentei o volume e realmente mandei bem agitando o instrumento. Havia dois outros guitarristas e um baterista me acompanhando.

Assim, no sonho, um "gêmeo" oriental se junta ao ego onírico e lhe dá uma nova guitarra, uma que é decorada em ouro. Ting pode simbolizar o amigo espiritual do Oriente que traz a masculinidade superior para “A”. A guitarra é o oposto exato da própria guitarra de “A”, que era arrematada em prata feminina. O ouro pode simbolizar a masculinidade. O branco está associado à luz e à consciência, o preto à escuridão e à inconsciência. O ego dos sonhos sobe ao palco e fica à direita, ou lado consciente. Ele começa a tocar sua própria música, gradualmente aumentando o volume. Agora, está “bem alto”. Ele é apoiado por três outras figuras masculinas para formar uma quaternidade da totalidade masculina no palco.

“A” recebeu alta do hospital em três meses. Certa manhã ele apareceu para sua consulta ambulatorial vestindo apenas shorts e tênis. Ele parecia querer mostrar seu corpo bronzeado e musculoso de homem. De fato, ele era um menino flácido, branquelo e gorducho quando foi internado no hospital, no fim de janeiro. Ele cresceu vários centímetros e agora parecia um jovem forte e bronzeado. Seis semanas antes da alta, em junho, ele sonhou:

> Estou musculoso, magro e bronzeado. Estou olhando para os meus braços, que são fortes. Meu punho está cerrado no estilo halterofilista. Estou olhando para minhas veias e o óleo de bebê espalhado na minha pele.

Tinha começado a se controlar. Ele veio mais duas vezes e então se foi, para o mundo, para longe da casa de seus pais.

A adolescente chega à sua luta heroica com o dragão de uma forma diferente. Enquanto o jovem macho tem que lutar para sair *douroboro* materno, a menina deve moderar e subjugar seu anseio pela segurança do círculo familiar para abrir seu próprio caminho como mulher madura. Sua mãe é sua própria espécie: ela não é Outra. Nas imagens de São Jorge e o dragão vemos a donzela parada em silêncio com o dragão na coleira. Essas pinturas sugerem que a menina não deve lutar contra o dragão, mas sim domesticá-lo e permanecer relacionada a ele. Neumann escreveu que "a maneira feminina de derrotar o dragão é aceitá-lo" (1976, p. 121).

Já foi dito que a cultura transforma os meninos em homens e a natureza transforma as meninas em mulheres, que a "natureza inferior" da mulher se ressente mais da separação de casa. A passagem da adolescência feminina parece envolver uma descida à natureza, em vez de uma ascensão pelo espírito. Os meninos devem ser *transformados* em homens por meio de práticas iniciatórias, conduzidas por homens mais velhos, enquanto os ritos das meninas são baseados mais nos eventos naturais de se tornarem mulheres durante a menarca e gravidez, ou *desabrocharem* em mulheres[7].

O mito de Deméter e Perséfone fornece sustentação arquetípica para as idas e vindas de filhas com mães[8]. Deméter

---

7. Um relato de ritual de puberdade entre as mulheres da Tribo Cuna, no Panamá, é apresentado de forma eloquente em "Mu Olokukurtilisop" (Stone, 1984, pp. 78-79). O ato de pintar o rosto com suco vermelho também pode ser encontrado entre os rituais da menarca dos Navajo.

8. De uma conversa particular com meu colega, Ron Schenk, que morou e trabalhou em reservas no Novo México, aprendi que também existe um

procura com grande aflição por sua filha Perséfone quando esta é sequestrada por Hades, rei do mundo dos mortos. Durante a primavera e o verão, elas se reencontram; Perséfone então retorna ao Hades como sua rainha. As filhas adolescentes vêm e vão de suas mães; elas estão às vezes próximas, às vezes distantes. Em pares menos problemáticos, a mãe deixa a filha ir, muitas vezes em pequenos gestos tanto de forma emocional quanto psicologicamente, e a recebe de volta com alegria, enquanto a filha gradualmente evolui para uma mulher consciente de si mesma, separada, mas aparentada. Em famílias sintomáticas, a separação da filha pode dar errado: ela foge várias vezes, e os pais, furiosos, procuram por ela e a trazem de volta.

> Caso D – "D" fugia de maneira cíclica e compulsiva. Ela parecia preferir companheiros mais escuros [namorados negros] nessas fugidas. Ela não estava solidamente fundamentada em uma mãe boa o suficiente. Embora sua mãe adotiva fosse doce e carinhosa, sua mãe natural [que a criou até os 3 anos] era abusiva, negligente e estava atualmente na prisão. Somente sendo presa na unidade de adolescentes ou em uma casa de detenção "D" poderia parar de fugir. Ela saiu de nossa unidade psiquiátrica para um Lar de Crianças Batistas e, em seguida, para o Centro Correcional para Meninas do Estado. Talvez sua identificação fosse com a mãe que estava presa.

Essas meninas problemáticas requerem uma abordagem terapêutica que as ajude a restabelecer um vínculo

---

costume ritual durante as cerimônias de puberdade entre os Navajo, em que uma garota foge para o deserto e depois retorna.

com suas mães ou alguma outra figura feminina nutridora. Uma vez que ela e sua mãe descobrem que seu vínculo é maior do que a raiva e a mágoa da separação (necessária), a família é capaz de continuar seu ciclo de vida com interrupções menos desastrosas. A mãe pode deixar a filha entrar e sair e a filha sai e retorna por conta própria, em um arco que se alarga gradualmente.

Iniciado

A vontade de alcançar a consciência do ego faz parte da fase heroica do desenvolvimento adolescente. Uma vez que a consciência do ego foi atingida, no entanto, "chega o momento de desistir de escalar montanhas para provar sua força e se submeter a um ritual significativo de mudança iniciática que pode preparar os jovens para responsabilidades da maturidade" (Henderson, 1964, p. 132). Embora a provação ou prova de força na iniciação (a quarta fase de Neumann na adolescência) pareça semelhante às provações do herói, há uma diferença fundamental entre o iniciado e o herói. O herói esgota sua ambição, é bem-sucedido em seus trabalhos e então pode morrer ou ser sacrificado. Em contraste, o iniciado é chamado a renunciar a todo desejo, ambição e, especialmente, vontade: deve se submeter à provação, e na maioria das vezes vive. Além disso, o iniciado deve estar disposto a experimentar esta prova sem esperança de sucesso. Os iniciados devem estar preparados para morrer; mas, na maioria das vezes, prevalecem e se tornam membros adultos de sua comunidade.

Por meio da morte simbólica, a provação da iniciação retorna o novato à unidade original de mãe e filho (Henderson, 1964). A identidade do ego, então, é dissolvida nos ritos de iniciação; muitas vezes por meio de alguma forma concreta de desmembramento. A provação pode ser *leve*: tatuagem, dente arrancado, jejum; ou pode ser *supliciante*: circuncisão, subincisão, mutilação ou ficar deitado ao sol quente por horas sem mover um músculo. O propósito dessa iniciação é resgatar o neófito da unidade com a mãe e trazer um renascimento do ego dentro do grupo adulto ou coletivo; por exemplo, um *totem*, clã ou tribo. Assim, o adolescente do sexo masculino é iniciado na entidade coletiva do céu, do pai e do espírito. O rito de passagem tribal da menina centra-se no primeiro ciclo menstrual ou na afloração dos seios, quando a adolescente se torna mulher entre as mulheres, participando plenamente da vida coletiva de sua comunidade como uma mulher apta para o casamento.

Os adolescentes contemporâneos representam esses temas arquetípicos de iniciação por conta própria; ou seja, sem a ajuda do coletivo adulto. Eles podem usar estilos *punk* ultrajantes com cortes de cabelo bizarros (e. g., moicano ou um lado do cabelo raspado) e cores. A inserção de vários *piercings* no lóbulo da orelha também é muito popular, assim como a tatuagem. "B", por exemplo, tatuou "Dr. B" no antebraço; e "C" ganhou dinheiro tatuando seus amigos. Adolescentes mais perturbados podem se mutilar. O resultado é a escarificação. A fome de iniciação também pode estar subjacente em muitas das gestações na adolescência de hoje.

Victor Turner (1977) chamou a segunda fase do rito de passagem de um período marginal ou *liminar* no qual o estado do iniciado ou "passageiro" é ambíguo. O símbolo mais característico desse estado liminar é o do paradoxo de ser ao mesmo tempo isso e aquilo, de estar vivo e morto, de ser *an-*

drógino. O mundo da música está repleto dessas imagens ambíguas, com androginia se tornando ascendente na década de 1980. Michael Jackson, por exemplo, foi descrito como "um ser tipo camaleão, que é tudo ao mesmo tempo: homem e mulher, preto e branco, violento e doce, ascético e espalhafatoso. Nada é entregue; ele misturou todos os opostos" (Rubenstein, 1984, p. 70). Junto com Michael Jackson, Boy George e Prince "estabeleceram um novo padrão no fascínio andrógino" (Griffin, 1984, p. 100). Mick Jagger e David Bowie foram exemplos anteriores do apelo andrógino das estrelas do rock. Da mesma forma, Annie Lennox costumava se vestir como "Elvis dos anos 50" nos *videoclipes*. Hoje, enquanto se veste com terninhos trespassados e alisa o cabelo curto para trás, K. D. Lang parece um jovem bonito.

Uma adolescente psicótica que estava hospitalizada escreveu-me pouco antes de seu aniversário de 18 anos. Ela descreveu claramente os temas iniciáticos de provação, morte e renascimento:

> Tenho tido problemas para dormir à noite devido aos pesadelos. Não é realmente um sonho. É mais uma alucinação. Parece que eu morro todas as noites [...]. Deito na cama e sinto que vou inchar muito. Então, parece que estou flutuando. Aí, minha respiração fica bem superficial. Fico atenta a ela com medo de já estar morta. [...] Fico acordada com muito medo de dormir. Meus ex-espíritos [...] dizem que se eu conseguir, morrerei até certo ponto. Eu tenho uma visão de morrer e meu velho espírito se levantando e deixando meu corpo, acordo e sou uma mulher totalmente nova. [...] me vejo como tendo um futuro de muito sucesso. Se eu conseguir.

O declínio dos arquétipos projetados

Durante a infância, as crianças projetam o arquétipo dos pais primordiais em seus pais e estes projetam o arquétipo da criança em seus filhos. A adolescência, porém, é diferente. É uma época de declínio da atividade arquetípica dos pais. Na adolescência, a pessoa deve chegar a um acordo com seus pais como pessoas reais, aceitando suas deficiências e também seus pontos fortes. Da mesma forma, os pais devem estar prontos para desistirem de sua identificação arquetípica com os pais primordiais e retirarem suas projeções de criança de seu filho adolescente.

Existem quatro resultados possíveis: 1) a criança retira as projeções dos pais, mas estes não retiram as projeções de criança do filho adolescente; 2) os pais retiram suas projeções, mas o adolescente não; 3) ambos os lados retiram suas projeções mais ou menos simultaneamente, e 4) ambos os lados persistem e não retiram suas projeções (Stevens, 1983).

Os resultados um e dois são unilaterais e bastante problemáticos. Uma criança que retira a projeção de pai primordial se tornará rebelde se os pais se recusarem a retirar sua projeção de criança. Por outro lado, se os pais retirarem prematuramente sua projeção de criança antes que seu filho esteja pronto, então o adolescente pode ser empurrado para um apego ansioso e carente. Se essa situação se tornar crônica, o adolescente pode ficar atolado na busca por substitutos dos pais para o resto da vida.

Resultado três – isto é, a retirada mútua oportuna das projeções – é o curso de desenvolvimento saudável. O resultado quatro, por outro lado, é desastroso para ambos, pois o jovem e os pais permanecem unidos e o jovem adulto emergente é impedido de assumir seu lugar apropriado no coletivo adulto.

Inércia psíquica e medo do novo

Dois fatores dificultam a separação dos adolescentes do lar de sua infância: a inércia psíquica e a evitação do novo. A inércia psíquica se manifesta como resistência à mudança, mas é essencial para uma sensação de permanência e estabilidade na consciência:

> Experimentamos a inércia psíquica com mais força quando os arquétipos dos pais estão envolvidos. As tentativas de ir contra os padrões de infância estabelecidos podem atingir o [adolescente, bem como] o adulto com terror porque esses padrões foram incorporados sob o encantamento que toda criança experimenta como autoridade mágica ou divina dos pais (Whitmont, 1978, pp. 124-125).

Nossa sensação de segurança está tão ligada ao familiar que a mudança pode ser sentida como uma ameaça de morte ou extinção. Essa ameaça tende a ser maximizada quando a mudança de *status* está sendo negociada dentro da névoa parental arquetípica. A luta assume a ilusão da magnitude da vida e da morte. Então, o resultado um pode levar a pensamentos rebeldes de assassinato. O resultado dois provavelmente conduza à ansiedade e ao medo de morrer. Até mesmo o resultado três saudável pode gerar tristeza e luto à medida que a velha ordem passa.

A evitação do novo é vista pela primeira vez na ansiedade do bebê de 8 meses, que se apega à mãe, diante de estranhos. Na adolescência, o jovem luta contra a maior mudança de sua vida. Como resultado, os adolescentes talvez necessitem de ajuda para seguirem em frente. Os ritos de iniciação podem ajudar a superar a inércia psíquica e o medo do novo, "fornecendo os símbolos e o ímpeto de grupo necessários para levar a libido adiante e afrouxar os laços que a prendem" (Stevens, 1983, p. 147).

Os terapeutas devem ter em mente essa inércia e medo ao lidar com adolescentes e suas famílias. A terapia, tanto individual quanto familiar, pode proporcionar o processo de iniciação que a sociedade de hoje raramente oferece aos seus jovens. O adolescente é um liminar na cultura de hoje, ocupando os interstícios e as margens da sociedade, não sendo nem isso nem aquilo, o ser paradoxal quintessencial. Suas encenações "monstruosas" podem ampliar nossa própria definição do que é ser humano. Mas nós (como terapeutas e pais) devemos enfrentar o desafio se for para os filhos de nossa sociedade se juntarem com sucesso à comunidade como adultos responsáveis.

Referências

Andrews, L. (1982). *Medicine Woman*. Harper & Row.

Griffin, N. (1984). The most. *Life* (set.), 87-100.

Campbell, J. (1973). *The Hero with a Thousand Faces* (Série Bollingen 17). Princeton University Press.

Campbell, J., & Moyers, B. D. (1988). The hero's adventure. *The Power of Myth* (Programa Um) [Videocassete]. Mystic Fire Video.

Davis, M., & Wallbridge, D. (1981). *Boundary and Space: An Introduction to the Work of D. W. Winnicott.* Brunner/Mazel.

Erikson, E. H. (1968). *Identity, Youth and Crisis.* W. W. Norton.

Fordham, M. (1976). *The Self and Autism* – Library of Analytical Psychology (Vol. 3). William Heinemann Medical Books.

Fordham, M., Gordon, R., Hubback, J., & Lambert, K. (eds.). (1985). *Explorations into the Self.* Academic Press.

Henderson, J. (1979). *Thresholds of Initiation*. Wesleyan University Press.

Henderson, J. (1964). Ancient myths and modem man. In C. G. Jung. (ed.). *Man and His Symbols*. Doubleday.

Jones, A. N. (1994). Newspapers took youth seriously after Cobain died. *Virginian Pilot and Ledger Star* (B7).

Jung, C. G. (1954). On the psychology of the trickster-figure. In *CW* 9 (pp. 255-274). Princeton University Press, 1977.

Jung, C. G. (1946). Psychic conflicts in a child. In *CW* 17 (pp. 1-36). Princeton University Press, 1977.

Jung, C. G. (1934). The relations between the ego and the unconscious. In *CW* 7 (pp. 123-172). Princeton University Press, 1977.

Jung, C. G. (1931). The stages of life. In *CW* 8 (pp. 387-403). Princeton University Press, 1978.

Jung, C. G. (1902). Psychology of so-called occult phenomena. In *CW* 1 (pp. 3-88). Princeton University Press, 1975.

Kaplan, L. J. (1984). *Adolescence: The Farewell to Childhood.* Simon & Schuster.

McNeely, D. (1996). *Mercury Rising: Women, Evil, and the Trickster Gods*. Spring.

Miller, L., Rustin, M., & Shuttleworth, J. (eds.). (1989). *Closely Observed Infants*. Gerald Duckworth.

Neumann, E. (1976). *The Child* (Trad. de R. Manheim). Harper Colophon.

Neumann, E. (1973). *The Origins and History of Consciousness* (Trad. de R. F. C. Hull). Princeton University Press.

Piontelli, A. (1992). *From Fetus to Child: An Observational and Psychoanalytic Study*. Routledge.

Piontelli, A. (1987). Infant observation from before birth. *International Journal of Psychoanalysis, 68*, 453-463.

Rubenstein, C. (1984). The Michael Jackson syndrome. *Discover: The Newsmagazine of Science* (set.), 69-70.

Sidoli, M. (1989). *The Unfolding Self: Separation and Individuation*. Sigo.

Sidoli, M., & Davies, M. (eds.). (1988). *Jungian Child Psychotherapy Individuation in Childhood*. Karnac.

Stern, D. N. (1985). *The Interpersonal World of the Infant: A View from Psychoanalysis and Developmental Psychology*. Basic Books.

Stevens, A. (1983). *Archetypes: A Natural History of the Self*. Quill.

Turner, V. (1982). *From Ritual to Theatre*. Performing Arts Journal.

Turner, V. (1977a). Process, system and symbol: new anthropological synthesis. *Daedalus, 106* (3) (verão), 61-75.

Turner, V. (1977b). Variations on a theme of liminality. In S. Moore, & B. Meyerhoff (eds.). *Secular Ritual*. Van Gorcum.

Turner, V. (1973). *Dramas, Fields and Metaphors*. Cornell University Press.

Turner, V. (1969). *The Ritual Process: Structure and Anti--Structure*. Aldine.

Van Gennep, A. (1908). *The Rites of Passage* (Trad. de M. B. Vizedome e G. L. Caffee). University of Chicago Press, 1960.

Whitmont, E. C. (1978). *The Symbolic Quest*. Princeton University Press.

Wickes, F. (1966). *The Inner World of Childhood*. Prentice-Hall.

Winnicott, D. W. (1982). *Playing and Reality*. Tavistock.

Winnicott, D. W. (1965). Adolescence: struggling through the doldrums. *The Family and Individual Development*. Tavistock.

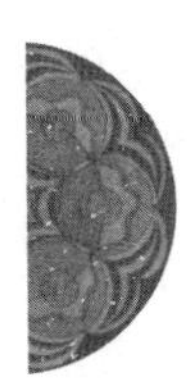

Resgatando os amantes dos sonhos

Casais em diálogo

Polly Young-Eisendrath[*]

Introdução

O relacionamento do casal começa cedo, antes do nascimento. A dependência que temos e sentimos de outra pessoa é o nosso destino para toda a vida. Não existe eu exceto no relacionamento com o outro, e as repercussões de nosso relacionamento de casal mais antigo se estendem vida afora. Os primeiros padrões de apego e as imagens ou representações que os acompanham se desenvolvem em hábitos de pensamento e ação por toda a vida. Carl Jung chamou esses hábitos de "complexos psicológicos" e os viu como as

* Psicóloga e psicanalista junguiana, atua em Burlington, Vermont. Professora-associada clínica de Psiquiatria na University of Vermont Medical College, publicou oito livros, muitos capítulos, artigos e ministrou palestras sobre os temas de resiliência, desenvolvimento da mulher, relacionamento do casal e a interface da psicanálise e espiritualidade contemporâneas.

unidades centrais de organização da personalidade humana (1969). Os complexos psicológicos são vivenciados na idade adulta como subpersonalidades, como estados de transe; a combinação associada de pensamentos, imagens, sensações e impulsos que se unem em torno de um núcleo emocional. Quando estamos em um complexo ficamos "fora de nós" de uma forma familiar, mas ainda estranha a nós.

As emoções humanas universalmente nos obrigam a organizar nossas experiências em *boas* e *más*, ou em *agradáveis* e *irritantes*. Nossos relacionamentos humanos reais no início da vida são levados adiante como estilos ou padrões de apego. Esses estilos de apego são o que o psicanalista e pesquisador John Bowlby (1988) e seus seguidores chamaram de "modelos de funcionamento", que fundamentam padrões relacionais seguros, resistentes ou evitativos.

Não apenas trazemos para sempre traços de nossos primeiros relacionamentos de casal, mas organizamos um senso de identidade como um *eu versus* o *outro*, começando com o autorreconhecimento por volta dos dezoito meses. Este "casal de identidade" (eu e o outro) se desenvolve à medida que também o fazemos. Eventualmente, o outro importante é o sexo oposto, mas inicialmente nossa curiosidade é dirigida aos nossos pais. Quando somos bebês e crianças pequenas, a pergunta: "Quem são eles?" é normalmente dirigida aos nossos pais. Era uma vez um rei e uma rainha... é a história do poder inicial dos pais. Mais tarde, "Quem são eles?" é dirigido aos nossos pares do mesmo sexo, e só mais tarde, especialmente na adolescência, todo este drama geralmente muda para um outro permanentemente intrigante: o sexo oposto. "Quem são eles?" – como uma pergunta sobre o sexo oposto – ocupa muitos de nós por toda a vida. Envolve-se em um mundo que considera os dois sexos principalmente como antagonistas (com exceção do romance, um breve período de projeções idealizadoras); atribui-lhes diferentes poderes, *status* e privilégios; e também afirma que é "simplesmente natural" que eles se unam em laços para a vida toda. Essas condições se combinam para representar o sexo oposto como um poderoso fator de criação de projeções, o "Outro interior" que carrega medos, ideais e desejos que queremos excluir do eu. (Coloco Outro com maiúscula para indicar que estou me referindo a um estado subjetivo, um Outro fantasiado, e não a uma pessoa real.)

O casal adulto, então, carrega todas as tendências de ambos os parceiros de se verem, sentirem e se entenderem como pais e como estranhos do sexo oposto, como um alvo para projeção. Muito do restante deste capítulo examina a complexidade de gênero, inveja e diferenças de poder para casais heterossexuais adultos no patriarcado. A última seção apresenta alguns passos específicos que são característicos de um casal em terapia que tem sucesso em vitalizar seu relacionamento. Embora eu trabalhe com casais do mesmo sexo usando os métodos terapêuticos que descreverei aqui, estou direcionando meus comentários principalmente aos casais heterossexuais, especialmente por causa das diferenças de poder e significado entre os sexos. Muitas de minhas ideias se aplicam também a casais do mesmo sexo, mas a similaridade de sua identidade de gênero cria uma estrutura diferente de relacionamento.

Neste capítulo quero desmistificar a intimidade heterossexual; a heterossexualidade tende a ser vista como algo "natural". A *intimidade* entre os sexos é tudo, menos natural. Ela só é alcançada por meio da autoconsciência concentrada, especialmente no que diz respeito às diferenças de gênero. Para ser íntimo, os parceiros devem ser amigos. Amizade íntima de longo prazo entre os sexos, especialmente no casamento, ainda agora é difícil de imaginar. A amizade é baseada na igualdade e na reciprocidade, uma condição que não era possível para homens e mulheres até recentemente, quando as mulheres começaram a ter voz.

Admitindo a complexidade das relações homem-mulher, podemos reconhecer a importância do *diálogo* como meio para estabelecer confiança ou empatia com o outro sexo. O diálogo é uma forma especial de conversa que se baseia em diferentes perspectivas e é uma base de *confiança* entre os participantes. Somente uma base de confiança permitirá que diferenças reais surjam. Para haver um diálogo devemos ter duas pessoas que possam falar e ouvir. Cada qual deve estar *interessada* em compreender a outra, não apenas em defender sua perspectiva. Ambas devem ser capazes de compartilhar o horizonte de sentido entre elas que se desenvolve a partir da exposição de seus respectivos pontos de vista. No diálogo, esperamos surpresa e descoberta. Presumimos que a troca levará a um resultado anteriormente desconhecido ou inconsciente para um ou ambos os participantes. Com base em tudo o que disse antes, você provavelmente pode imaginar que o diálogo é difícil para casais heterossexuais.

Depois que o romance termina, quando os parceiros tendem a atender às necessidades um do outro, um casal comprometido corre o risco de repetir padrões de complexos pais-filhos. No segundo estágio de um relacionamento – que apelidei de "desilusão" –, os casais entram em disputas pelo poder. Durante a desilusão os parceiros usam agressividade ativa e passiva para lidar com os conflitos. Eles mantêm sistemas de projeção e identificação projetiva nos quais ambas as pessoas estão reencenando padrões de dominação-submissão das primeiras relações familiares. Muitos casais não resolvem a desilusão. Eles se adaptam a ela. Nossa cultura (e outras culturas patriarcais) apoia a história da "batalha dos sexos" e alimenta imagens de antagonismo.

Muitos de nossos pais viveram dentro do contrato de casamento sem parceria íntima. Eles não eram melhores amigos, mesmo que encontrassem maneiras de evitar hostilidades abertas. Eles viviam em flutuações perpétuas de mágoa, ressentimento, desespero, vergonha e raiva. Nessas condições, as conversas assumem formas mortais. Podem ser monólogos em dupla, nos quais cada parceiro apresenta um discurso solo. Ou podem ser trocas repetitivas que seguem um curso previsível de posições conflituosas. Nenhuma das pessoas se sente satisfeita com a troca, e ambas a consideram enfadonha por ser tão previsível. Ataques abertos e brigas geralmente têm o formato de troca repetitiva. Quando casais desiludidos procuram terapia, eles em geral desistiram de tentar conversar sobre as coisas. Normalmente, os dois parceiros vêm com o objetivo de que a terapia mude o outro, não a si próprio.

Terapia do diálogo

Como feminista, psicanalista junguiana, psicóloga do desenvolvimento e psicoterapeuta, dedico-me a desenvolver a intimidade por meio do diálogo. Estou convencida de que a postura diádica olho no olho, o si-mesmo em reflexão, é a base para o desenvolvimento psicológico ao longo da vida. *Transformações de espelhamento* é o meu termo para as reflexões oferecidas e para os limites esclarecidos do si-mesmo no relacionamento íntimo. Quando um parceiro de confiança (no casamento, amizade ou psicoterapia) oferece uma opinião, uma crítica ou um elogio, o gesto carrega um significado sincero que nos ajuda a transcender os limites de nós mesmos. A ênfase aqui é na *confiança* porque a descoberta de um novo significado que pode promover o desenvolvimento requer uma base de confiança.

Junto com meu marido, Ed Epstein, uso um método de terapia de casal que criamos e desenvolvemos. Inicialmente, nós a chamamos de *terapia diádico-dialógica*, mas recentemente abreviamos para *terapia do diálogo*. Esse método é apresentado em detalhes em um livro que publiquei em 1984, *Hags and Heroes: A Feminist Approach to Jungian Psychotherapy with Couples*. O desenvolvimento da confiança por meio da terapia do diálogo, e tudo o que experimentei em dez anos fazendo uso dela com muitos casais, é apresentado em um livro que publiquei em 1993, *You're Not What I Expected: Learning to Love the Opposite Sex*. Este capítulo resume alguns pontos centrais do segundo livro, enfatizando especialmente o problema da projeção e da identificação projetiva em casais.

A terapia do diálogo é um método projetado para funcionar de forma intensa e rápida (seis sessões, uma por mês durante seis meses e uma sétima sessão como acompanhamento seis meses depois). Meu marido e eu (ou outros coterapeutas que usam o método) trabalhamos como uma equipe diádica em encontros emocionalmente intensos com casais. Cada sessão dura 2h, durante as quais o casal, frente a frente, é levado à conversa enquanto nós, terapeutas, nos sentamos um pouco atrás e fora da vista de cada parceiro. Sento-me atrás do ombro direito da mulher, e meu marido atrás do ombro esquerdo do homem. Estamos fora de seu campo de visão, mas totalmente atentos ao que está acontecendo. Enquanto o casal tenta conversar, agimos como "dublês" ou "alter egos" e falamos a partir dos sentimentos e significados que estão implícitos, mas não reivindicados no que está sendo dito. Tento ter empatia com a dificuldade percebida pela mulher, e o meu marido, o mesmo em relação ao homem. Esse método foi desenvolvido para ensinar e encorajar o diálogo.

Os parceiros aprendem a manter a separação (de seus próprios pensamentos e sentimentos) e a abertura (para ouvir com curiosidade e interesse). Dessa forma, passam a reivindicar e compreender o que foi excluído de si como Outro e a negar e compreender o que é projetado pelo outro parceiro. Por negar, quero dizer que eles aprendem a se recusar a se identificar e/ou ser rotulados como a única causa dos medos, ideais, desejos e fantasias inconscientes do parceiro. Cada vez mais os parceiros ganham uma aceitação fundamental de seus próprios estados subjetivos. Com isso, vem uma vitalidade renovada no relacionamento. Os parceiros passam a se sentir confiantes em serem capazes de falar sobre suas diferenças sem ficarem presos na identificação projetiva, na encenação de antigas rotinas de dominação-submissão com os pais.

Nesse ponto os parceiros alcançam o objetivo da terapia do diálogo – algo que chamo de "dependência madura", tomando emprestado o termo do psicanalista W. R. Fairbairn (1952). A dependência madura é a capacidade de dar e receber de maneira recíproca. Requer ser dependente e confiável de forma consciente. A dependência é saudável e necessária para os seres humanos ao longo da vida, mas deve mudar e se desenvolver de uma inicial dependência apegada até uma posterior dependência madura, que consiste numa troca de forças.

Gênero, amantes dos sonhos e inveja

Ser membro da comunidade humana é ser marcado por um sinal de *opostos* (feminino/masculino) e uma exigência de adesão a um dos dois clubes exclusivos. Esses dois clubes são criados com base no princípio da divisão, a divisão do mundo em dois sexos e os requisitos de gênero aplicáveis a cada um. Essa divisão em dois grupos cria também uma divisão intrapsíquica; entre a identidade conhecida como si-mesmo e aquela conhecida como Outro. Em cada um de nós vivem ambas as personalidades, uma com o gênero familiar e outra de um *gênero estranho*, o oposto excluído. Ambas são emocionalmente carregadas de complexos psicológicos que surgem e são sustentados em uma matriz de relacionamentos. A divisão da comunidade humana em dois gêneros é tanto a separação das pessoas por gênero em dois grupos quanto a separação intrapsíquica do *eu* de um *não eu* do gênero oposto.

Nosso gênero estranho é um poderoso determinante emocional do desenvolvimento por causa de sua relação única com o eu. O gênero estranho restringe e limita o eu. A maneira como eu ajo e me imagino como uma mulher carrega consigo um significado conjunto do que imagino ser másculo e masculino, que vejo como humano, mas *não mulher*. Essas imagens, pensamentos, impulsos e sensações se integram em uma subpersonalidade de um Outro masculino que é paradoxalmente o produto de uma psique feminina. O mesmo é verdadeiro para o Outro feminino na psique masculina.

Antes de prosseguir com o detalhamento dessas subjetividades múltiplas, deixe-me esclarecer a maneira como uso os termos *sexo* e *gênero*, e como a inveja desempenha um papel na escalação dos amantes dos sonhos de nosso gênero estranho. O *sexo* com o qual nascemos e o *gênero* que recebemos no nascimento (ou mesmo antes do nascimento) não são a mesma coisa, embora um flua do outro. Sexo é a diferença corporal, das propriedades estruturais e funcionais do corpo humano, que inclui possibilidades e restrições sobre quem podemos ser. O sexo é definido e inflexível na maioria dos casos. Ele prevê certas possibilidades biológicas em corpos masculinos e femininos. Seios, vagina, vulva, útero, tamanho corporal menor, menstruação, gravidez, lactação, menopausa e maior longevidade são esperados de um corpo feminino. Pênis, tamanho corporal maior, maior força física, fecundação e menor longevidade são esperados do corpo masculino. Essas e outras diferenças biológicas (p. ex., a estrutura do cérebro e a química hormonal) nos limitam em nossas possibilidades biológicas-sexuais-reprodutivas. Embora possamos lutar contra essas limitações (e. g., vestir-se como o outro sexo ou tentar mudar cirurgicamente o corpo), não podemos escapar de nosso sexo corporal. Isso nos limitará para sempre.

O gênero, por outro lado, é mais flexível. Ele consiste em características, papéis sociais, traços de personalidade, poder e *status* que são atribuídos pela sociedade a cada sexo.

O gênero serve a muitos propósitos na maneira como as sociedades organizam o trabalho e o poder, de modo que as tarefas da vida possam ser realizadas. O gênero varia de acordo com o *contexto*: grupo, família, sociedade. Em algumas sociedades, por exemplo, espera-se que os homens sejam mais nutridores e voltados para o lar do que as mulheres, encarregando-se da criação dos jovens. Em outras, como na sociedade norte-americana, espera-se que as mulheres sejam as cuidadoras principais.

Em minha opinião, apenas *duas* características de gênero podem ser consideradas universais ou quase universais. Primeiro, o gênero é uma divisão em dois grupos exclusivos. Em segundo lugar, as mulheres têm menos poder do que os homens em todas as sociedades dominadas pelos homens (ou seja, na maioria das sociedades do mundo). Por menos poder quero dizer que o trabalho que as mulheres realizam e as características que são socialmente sancionadas para elas tendem a acarretar menos privilégios, recompensas menores e menor poder de tomada de decisões em comparação com os homens. Essas duas características de dicotomia de gênero e poder desigual produzem conflitos de gênero para mulheres e homens nos relacionamentos.

As diferenças biológicas de sexo e a dicotomia e diferenças de poder de gênero despertam universalmente emoções perturbadoras sobre o sexo oposto. Inveja, ciúme, idealização e medo são as barreiras mais comuns para a confiança interpessoal. As barreiras intrapsíquicas se formam em torno dessas emoções, tanto nas mulheres quanto nos homens, barreiras que levam a complexos psicológicos do sexo oposto. Vou falar mais sobre isso a seguir.

Em primeiro lugar quero abordar a mais confusa dessas emoções perturbadoras: a inveja. Ambos os sexos invejam os recursos biológicos um do outro. Usando a definição da psicanalista Melanie Klein (1975), a inveja é uma forma de ódio que expressa o desejo de *destruir* o que o outro possui porque não se pode possuí-lo para si mesmo. A inveja é expressa como um ataque que diminui, esvazia ou menospreza o outro; ela é sentida como um vazio no eu, uma falta dos recursos que outra pessoa possui. No vazio sentido, a única maneira de "igualar o placar" é destruir o valor, o significado, os recursos ou o corpo do outro.

Cada sexo olha para as possibilidades ordenadas biologicamente do outro com o conhecimento de que estas não podem ser possuídas por si. A inveja biológica não pode ser reduzida a certos órgãos, como pênis, seio ou útero, porque é um drama mutante, baseado em limitações (e. g., na cronicidade das doenças da meia-idade, as mulheres procuram médicos seis vezes mais do que os homens e invejam a saúde aparente dos homens, mas os homens invejam nas mulheres a longevidade; em média, a expectativa de vida delas é de oito anos a mais do que a dos homens). Cada sexo deseja depreciar, destruir, dominar ou triunfar sobre as possibilidades e recursos biológicos do outro.

E quanto à inveja das diferenças de gênero? Não é uma simples questão de as mulheres invejarem os homens? É certamente verdade que as mulheres invejam os maiores privilégios e liberdades conferidos aos homens, caracterizados pela psicanalista Nancy Chodorow (1978) como "inveja do falo". Também é verdade, porém, que os homens invejam os privilégios menores (e o que se imagina terem menos responsabilidades) ligados a ser mulher. Os norte-americanos estão na situação peculiar de testemunhar movimentos masculinos baseados em gênero que evoluíram de alguma forma em resposta aos movimentos femininos. Muitos homens parecem invejar as identidades claras e competentes, o apoio emocional e a proximidade que as mulheres encontram entre si em sua busca por algo melhor. Às vezes, parece que alguns homens invejam a opressão que mobilizou e afetou as mulheres.

A inveja das possibilidades biológicas e das diferenças de gênero do sexo oposto limita nossa capacidade de nos enxergarmos com clareza e ter empatia pelos outros. Os conceitos originais de Jung (1959, *CW* 9 (ii)) de *anima* e *animus*, como personalidades do sexo oposto decorrentes dos determinantes biológicos em cada sexo, foram úteis para eu chegar a compreender a função da inveja. Transformei esses dois termos nos complexos de produção de projeções dos "amantes dos sonhos"; aqueles Outros do sexo oposto que emergem já totalmente desenvolvidos de nossa socialização em um eu pertencente a um gênero. Embora eu veja os amantes dos sonhos como produtos da cultura e da socialização, acredito que eles são extremamente importantes para o nosso desenvolvimento na idade adulta. Por causa do enorme poder da dicotomia de gênero e dos diferenciais de poder dos dois sexos, nossos amantes dos sonhos inconscientemente nos obrigam a enxergar a nós mesmos e o sexo oposto de certas formas que impedem o pleno desenvolvimento adulto se permanecermos inconscientes.

Quando chegamos à idade adulta formamos e defendemos um ponto de vista específico sobre o gênero estranho. Nosso gênero estranho, da maneira como imaginamos o sexo oposto, torna-se emocionalmente poderoso depois que sabemos que não podemos escapar da singularidade de nosso próprio gênero e sexo. Por volta dos 6 ou 7 anos as crianças dominam a ideia da exclusividade de gênero. Nesse ponto, fantasias e medos se misturam com inveja quando nos voltamos para nossos colegas do mesmo sexo para descobrirmos mais sobre nós mesmos e o sexo oposto. Estereótipos culturais, imagens da mídia e todos os significados implícitos transmitidos pela família e amigos se misturam com nossos complexos parentais para construir amantes dos sonhos, aqueles Outros poderosos que rondam nossos sonhos noturnos e nos pegam desprevenidos durante o dia.

Os amantes dos sonhos começam como imagens baseadas na emoção. Começam com as forças emocionais que moldam nossa capacidade de amar e confiar, mesmo antes de serem associadas de alguma forma ao mesmo sexo ou ao sexo oposto. Em nossos primeiros anos de maior vulnerabilidade, pais e irmãos ou outros responsáveis nos envolvem por meio do cuidado. Suas vozes, seus rostos, sua capacidade (ou incapacidade) de serem ternos e disponíveis nos marcarão para sempre. *Traços de imagens emocionais* do início da vida são coletados em torno de nossas necessidades e de como elas são atendidas. Esses traços emocionais gradualmente se desenvolvem em complexos psicológicos, organizados por estados essenciais de excitação emocional. Cada complexo está alicerçado em um conjunto particular de imagens e significados marcados pela emoção. Por exemplo, a maioria de nós tem um *grande complexo materno* que é conhecido por meio do conforto e facilidade de sustento e nutrição, conectado com sons, cheiros, voz e o jeito de lidar de uma mulher. Inicialmente, não sabíamos de *mulher*, mas depois, quando entendemos a categoria, atribuímos o termo e percebemos a mãe como mulher. Os primeiros traços da imagem emocional de um complexo não são racionais; eles estão fora da linguagem. Os traços da imagem se originaram de experiências reais, mas essas experiências foram em sua maioria não verbais. São difíceis de alcançar e compreender mais tarde na vida, quando infundiram em nossos amantes dos sonhos significados que parecem *brotar dos instintos*. Eles escapam de nossa capacidade de explicá-los. "Eu simplesmente sei que você me *odeia* porque posso sentir isso fisicamente" pode ser tão convincente para a pessoa que sente as emoções e, ainda assim, tão errado quanto a um parceiro.

Como adultos, nossos amantes dos sonhos podem se colocar entre nós e nossos melhores esforços para sermos justos com um cônjuge ou amigo do sexo oposto. Não que os amantes dos sonhos sejam imagens especificamente negativas do sexo oposto; de forma alguma. Muitas vezes, são crenças idealizadas e exageradas nos poderes mágicos dos outros. Os amantes dos sonhos são simplesmente categorias *erradas* para compreender os outros reais porque estão enraizados em nossa própria subjetividade, sexo e gênero. Os amantes dos sonhos são sentidos por meio de si mesmo, não por meio do outro. Eles são suposições que vêm sob a influência do "Eu já *sei*" o que você está pensando ou sentindo, por isso não preciso perguntar.

Os amantes dos sonhos são reforçados por nossos amigos do mesmo sexo na infância, adolescência e idade adulta. Os amantes dos sonhos são alimentados por estereótipos de *nós* e *eles*, mas estão enraizados em complexos psicológicos. Desafiar um complexo, em si mesmo ou em outro, é especialmente difícil por causa do núcleo emocional. O núcleo é feito de traços de imagens emocionais que estão ligadas à sobrevivência (p. ex., agressividade, alegria, medo) e padrões universais de relacionamento. Certos temas relacionais (dominação, apego, submissão) estão universalmente ligados a emoções expressas espontaneamente em imagens em todo o mundo. Imagens da grande mãe e do grande pai surgem entre todos os povos e foram consideradas por Jung como evidência de uma organização inata da expressão humana. Ele chamou esses temas de imagem de arquétipos; ou seja, impressões primárias. Na última teoria de Jung (1944-1961), os arquétipos não são formas misteriosas que estão fora da experiência; não são ideais platônicos ou aspectos de um inconsciente coletivo difuso. Eles são experiências humanas universais de imagens emocionalmente poderosas que nos predispõem a certas ações em um contexto relacional. Quando seu cônjuge lhe dá um *olhar crítico* enquanto você está cuidando de uma tarefa, você pode sentir isso como um pai terrível julgador oprimindo e sufocando você com exigências. Você entra em uma espécie de estado de transe e se sente como uma criança vítima que é vulnerável a abusos. Você está preso por um sonho negativo que surge de dentro, mas acredita que seu cônjuge fez isso com você através de um simples olhar.

No estágio de romance de um relacionamento heterossexual tendemos a projetar amantes dos sonhos ideais: amante donzela ou herói, grande mãe ou grande pai. Na desilusão, passamos para projeções negativamente carregadas de mãe terrível ou pai terrível. Do modo como vejo esses complexos, cada amante dos sonhos tem um polo *eu* e um polo *outro*. Quando uma mulher projeta seu herói, por exemplo, e seu parceiro fica aquém dos padrões, ela muitas vezes passa a vê-lo como uma criança perdida, o polo do eu original do complexo. Portanto, o amante dos sonhos herói envolve *tanto* as qualidades de seu herói (o homem que uma mulher seria) *quanto* as qualidades de sua criança perdida (alguém que precisa de um herói para liderá-la). Qualquer um dos polos do amante dos sonhos pode ser ativado. Em meu livro de 1993 descrevo quatro amantes dos sonhos comuns nas mulheres e quatro nos homens. Pelo nome, os estranhos nas mulheres são o pai terrível, o grande pai, o herói e o gênio do submundo (homem sombrio, erótico e criativo). Os estranhos nos homens são a mãe terrível, a grande mãe, a concubina (prostituta) e a donzela (amazona, madona, pura). Esses amantes dos sonhos são bem conhecidos em nossa cultura e constituem o assunto de muitos dramas e contos. Cada um desses amantes dos sonhos está enraizado nos traços da imagem emocional de complexos psicológicos, alimentados por fantasias do sexo oposto, o não eu. À medida que as pessoas aprendem a reivindicar seu próprio gênero estranho passam a conhecer aspectos de si mesmas que antes estavam ocultos, bem como talentos e capacidades que foram negados. Resgatar os amantes dos sonhos é um passo importante no desenvolvimento da vida adulta e geralmente leva a fronteiras de gênero mais flexíveis e maior empatia pelo sexo oposto.

Dependência madura por meio do diálogo

Para se envolver no processo muitas vezes doloroso de resgatar os amantes dos sonhos, os parceiros devem estar sofrendo de desilusão, perda ou traição. Dentro da estrutura de compromisso com seu relacionamento – confrontando barreiras à intimidade –, os parceiros começam o processo de reconhecer os amantes dos sonhos e estabelecer uma dependência madura. Especialmente para os heterossexuais, o desafio é grande por causa dos estereótipos de gênero em curso e das desigualdades entre os sexos. Resgatar os amantes dos sonhos significa o fim de culpar e fazer ataques a si mesmo ou ao outro por inveja ou idealização do gênero estranho. Significa fazer perguntas e estar interessado na experiência de um parceiro, ao invés de silenciar ou banalizar. Acima de tudo, resgatar os amantes dos sonhos significa aceitar o abuso, a rejeição, os ideais, as esperanças, os desejos e o potencial que escondeu de si mesmo e projetou no parceiro.

Trabalhando em terapia do diálogo com muitos casais ao longo do tempo, mapeei cinco etapas principais que são características de casais que conseguem transformar a desilusão em dependência madura. Em termos simples, essas etapas são:

1) Reconhecer a vulnerabilidade do eu e aceitar um relacionamento de apego como a base do eu.
2) Resgatar os próprios amantes dos sonhos.
3) Aprender a se relacionar e funcionar por meio do diálogo, especialmente em áreas de conflito e diferença.
4) Reivindicar (não se esquivar) a capacidade de dialogar sobre todas as coisas, de modo que os parceiros alimentem o terreno comum que fornece a confiança básica.
5) Expandir o uso do diálogo em atividades de encontros com outras pessoas que incentivem maior empatia, preocupação e interesse.

O passo central no desenvolvimento da dependência madura é resgatar os amantes dos sonhos. Esse processo geralmente ocorre nas primeiras quatro sessões de terapia do diálogo e depende de muitos fatores que os casais aprendem em termos de comunicação sobre o conflito e de sua capacidade de serem empáticos e diferenciados. Dividi o processo em sete partes que irão, espero, detalhar a luta que presenciei na maioria dos casos. Esta é a maneira como o processo de resgate geralmente se desenvolve:

1) Perceber como os primeiros padrões de apego são transportados para o relacionamento atual.
2) Descobrir os maiores amantes dos sonhos, examinando os medos, ideais e desejos que sentimos em relação ao parceiro.
3) Saber como os amantes dos sonhos de alguém se encaixam nas vidas, esperanças e sonhos vividos e não vividos dos pais.
4) Assumir a responsabilidade por seus estados subjetivos, amantes dos sonhos e outros complexos.
5) Reivindicar seus desejos, ideais, vontades, medos, agressividade, ciúme e inveja, mudando ativamente para torná-los seus.
6) Reconhecer as mágoas que causou no passado ao projetar tudo o que foi mencionado acima em seu parceiro ou em outras pessoas.

Colocar em ação o seu gênero estranho de alguma forma que o mantenha como uma parte consciente de si mesmo.

Em minha opinião, o objetivo central da intimidade heterossexual é libertar o eu relacional para desenvolver uma dependência madura. Para mim, é isso que Jung quis dizer ao sugerir, como fez em um ensaio de 1925, que o casamento poderia ser uma “relação psicológica”. O estado de dependência madura inclui a diferenciação como indivíduo e empatia pelo parceiro. Com o resgate dos amantes dos sonhos, os parceiros não apenas se sentem mais seguros e confiantes no que diz respeito a lidar com diferenças, como também em geral ficam mais alertas às estruturas profundas de gênero e aos danos causados pela desigualdade entre os sexos. Ambos os parceiros – independentemente de suas inclinações políticas – têm um notável despertar. Eles se convencem, como todos os bons amigos, de que a igualdade é a base da confiança, mesmo entre os sexos.

Observações finais

A igualdade sexual, assim como a igualdade racial, é um objetivo elevado, não porque está totalmente além de nós, em nossa capacidade de imaginar tal mundo, mas porque significaria uma mudança radical em todo o nosso modo de vida. Se neste momento, por exemplo, as mulheres em todo o mundo fossem subitamente recompensadas com salários iguais pelo trabalho que executam (em casa e no mercado de trabalho), todos os principais sistemas econômicos entrariam em colapso. Isso ocorre porque esses sistemas se baseiam em trabalho não remunerado ou mal pago, realizado em grande parte por mulheres. No entanto, passei a acreditar que viveremos em igualdade sexual nos próximos cem anos. Como posso acreditar nisso?

No passado, apenas uns poucos excepcionais – os sábios, os poetas ou os místicos – eram capazes de investir no desenvolvimento da autoconsciência. Agora, essa possibilidade está disponível para as massas, para aqueles que buscam um significado fora de tradições e regras claras. Muitas dessas pessoas estão envolvidas em relacionamentos de casal. Muitos desses relacionamentos são apanhados pela desilusão.

Isso não é novo. O que é novo e o que foi bastante surpreendente no fim do século XX é que mulheres e homens buscavam uma parceria de igualdade como parte do casamento. A busca pela parceria heterossexual nos empurra para além das barreiras de uma visão autoprotetora de gênero e uma visão projetiva do sexo oposto. A busca pela parceria heterossexual proporciona uma abertura para nosso gênero estranho inconsciente e para uma autoconsciência que retorna o oposto para o eu. Esta busca é análoga à busca por inteligência extraterrestre, creio eu: nós sabemos que ela está lá fora, mas agora estamos obtendo as ferramentas para contactá-la.

Referências

Bowlby, J. (1988). *A Secure Base: Parent-Child Attachment and Healthy Human Development*. Basic.

Chodorow, N. (1978). *The Reproduction of Mothering: Psychoanalysis and the Sociology of Gender*. University of California Press.

Fairbairn, W. R. (1952). *Psychoanalytic Studies of the Personality*. Routledge & Kegan Paul.

Jung, C. G. (1969). *The Structure and Dynamics of the Psyche*. *CW* 11 (2. ed.). Princeton University Press.

Jung, C. G. (1959). *Aion*. *CW* 9 (ii) (2. ed.). Princeton University Press.

Klein, M. (1975). *Envy and Gratitude & Other Works*. Delacorte.

Young-Eisendrath, P. (1993). *You're Not What I Expected: Learning to Love the Opposite Sex*. Morrow.

Young-Eisendrath, P. (1984). *Hags and Heroes: A Feminist Approach to Jungian Psychotherapy with Couples*. Inner City.

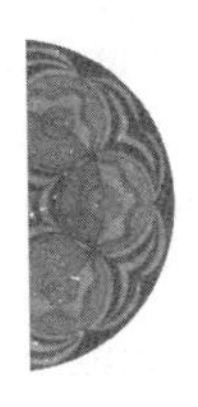

O padrão de inveja e a rivalidade entre irmãos no mito e na religião

Murray Stein[*]

Conceitualizando a inveja

Em um trabalho investigativo e vividamente escrito intitulado *Mal occhio*, Lawrence DiStasi relembra as táticas usadas por seus avós italianos para se protegerem contra a influência do *mau-olhado*. Ele destaca especialmente como eles evitavam se vangloriar de seus filhos para estranhos, por medo de estimular a inveja. As crianças eram tão valorizadas, que se tornaram os principais alvos dos ataques de inveja. Se uma criança ficasse súbita e inexplicavelmente doente, a suspeita de ser obra do *mal occhio* era imediatamente levantada, e um contrafeiticeiro seria convocado para recitar alguns encantamentos de cura para superar os mórbidos efeitos do ataque do mau-olhado.

DiStasi não comenta como os ataques de inveja eram evitados no âmbito familiar entre irmãos. Alguns dos ata-

---

* Autor de *Practicing Wholeness* e *In Midlife*; editor da Jungian Analysis; analista com treinamento no C. G. Jung Institute of Chicago.

ques de inveja mais cruéis acontecem nos santuários supostamente aconchegantes de redes familiares imediatas e estendidas. Pois não é só o estranho que se inveja, mas o irmão, a irmã e os primos. A inveja é a raiz das formas mais malignas e crônicas de rivalidade entre irmãos.

Ao considerar a psicologia da inveja é importante notar que, como no relato de DiStasi, no qual as crianças eram os alvos mais frequentes da inveja em sua cultura, é o objeto ou qualidade de maior valor que atrai o mau-olhado da inveja para si. Uma criança vai chamar a atenção de um mau-olhado em um determinado ambiente, por exemplo, porque as crianças simbolizam o valor mais elevado lá: elas são o "tesouro difícil de obter". Com essa percepção, podemos entender que a inveja é fundamentalmente baseada no desejo frustrado de uma pessoa ao acesso direto à fonte de valor, que na psicologia junguiana é conhecida como o si-mesmo.

Pode parecer intrigante a princípio conceber a inveja como sendo impulsionada pela privação e anseio do ego pelo si-mesmo, uma vez que tanto o ego quanto o si-mesmo estão alojados na mesma pessoa e constituem uma única unidade psicológica. No entanto, parece que é nisso que a inveja mais essencialmente consiste. A palavra inglesa *envy*, que é um derivado do latim *invidere*, significa na raiz "olhar para" algo com intensa hostilidade. O olho torna-se hostil desta forma quando pousa sobre um objeto que desfruta da graça da individualidade, se essa mesma bênção também não for sentida interiormente como sua própria herança.

O invejoso lança um olhar hostil na direção de um favorecido e sente, ao mesmo tempo, que existe uma distância impossível entre aqui e aquele círculo de privilégios e ventura. O que o olho invejoso vê é um "self-objeto" (para usar o termo de Kohut) que não pode ser trazido para perto ou apreciado no relacionamento, mas sim aquele que implacavelmente priva o observador de graça e valor simplesmente em virtude de sua existência contínua. A pessoa agraciada parece reter este tesouro e querer acumular toda a glória. O vazio interior que é escavado e mantido pela inveja, que Fordham chama de estado "sem seio", é o terreno fértil para o ódio e a destrutividade, tão centrais à energia da inveja. É a alienação do ego de um si-mesmo percebido externamente na forma projetada que cria o desespero profundo e a malevolência mortal encontrados em exemplos clássicos de devastação pela inveja, como no Iago de Shakespeare. A inveja é o sinal de alarme de uma ruptura profunda no eixo ego/si-mesmo.

A corrosividade da inveja "desnuda" (Bion, 1962, p. 47) o mundo interior ao destruir o local de um autocentramento sentido interiormente. Autoenergias e self-objetos, que constituem uma fonte de autoestima e resiliência quando estão internamente disponíveis para uma pessoa, são, na condição de inveja, percebidos como estando localizados fora de si, retraídos e retidos. Assim, a inveja é alimentada por um superinvestimento de valor nos outros e por um concomitante subinvestimento em si mesmo. Nesse estado, uma pessoa se esvazia de valor e recursos, e a carga total de energia do ego passa a ser concentrada e agressivamente despachada por meio do *mal occhio*, o mau-olhado.

A literatura sobre inveja

Ao pesquisar para este ensaio, envergonhei-me por cair pessoalmente em considerável inveja daqueles que escreveram anteriormente sobre este assunto. Às vezes, isso quase me paralisava, gerando os próprios estados articulados na literatura: vazio, inadequação e excitação na presença do objeto invejado. Aos poucos, essa reação foi se transformando, felizmente, e agora posso sentir admiração e gratidão pelo trabalho meticuloso e criterioso feito por aqueles que antes de mim se aventuraram neste rico, mas torturado território emocional.

Após sua notável introdução por Freud em suas frequentes discussões sobre a inveja do pênis, o fio condutor da inveja na literatura psicanalítica foi retomado por Melanie Klein, que mudou o foco da inveja do pênis para o seio. Mas, além de simplesmente mudar o foco da inveja, Klein argumentou que a inveja primária é inata nos humanos, e ela a relacionou a *thanatos*, a pulsão de morte. Tanto as mulheres quanto os homens nascem com uma quantidade específica de inveja primária, com base na força da pulsão de morte neles. De que forma os impulsos do instinto de morte são tratados e empregados é matéria do desenvolvimento posterior, mas no momento do nascimento cada um de nós herda, como o pecado original, a capacidade e a tendência para cair na inveja.

Essa abordagem imparcial em relação ao gênero continua no relato de Klein sobre a infância. Uma vez que tanto os machos quanto as fêmeas são amamentados por uma mãe, que os abençoa ou nega com seu seio, este se torna o primeiro e continua sendo o objeto principal em torno do qual as emoções de amor e ódio giram.

O relato de Klein sobre como a inveja opera na infância e mais tarde na vida é seminal para escritos posteriores de freudianos e também de alguns junguianos, quer esses autores concordem, rejeitem ou ignorem sua premissa de pulsão de morte. Em seu artigo "Inveja e gratidão", que se tornou um clássico na área, Klein faz uma distinção analítica entre inveja e ciúme. É importante manter essa distinção em mente ao pensar na rivalidade entre irmãos, porque essa rivalidade sobrevive muito à infância e aos pais, e muitas vezes não tem nada a ver com ganhar ou perder o amor de uma terceira pessoa. A inveja tem sua localização própria, de acordo com a análise de Klein, em uma relação de duas pessoas – primordialmente dentro da díade mãe-bebê –, enquanto o ciúme é um fenômeno de triângulos de pessoas, classicamente constelados dentro da relação edipiana. A inveja é, portanto, *pré-edipiana* e baseada no sentimento de que a outra pessoa (originalmente a mãe) tem algo bom para dar (um seio), mas o está retendo para seu próprio prazer. O fato de ela reter o objeto bom é o que gera inveja e também ódio à mãe. Quando a mãe é vista como reservando sua bondade para si mesma, essa percepção gera o desejo de prejudicar e estragar o seio retido pela mãe.

O ciúme, por outro lado, irrompe quando se descobre que outra pessoa (o pai ou um irmão) está desfrutando do objeto desejado em vez de você. O ciúme leva a pessoa a destruir o rival, para que se possa ter o objeto amado para si, mas não para destruir o próprio objeto. Em alguns casos de rivalidade entre irmãos, é claramente o ciúme que motiva o conflito. Nas formas mais virulentas, entretanto, a questão pouco tem a ver com a satisfação de si mesmo, ganhando a propriedade de alguém ou algo, mas gira em torno do desejo de prejudicar ou destruir o outro invejado como um fim em si mesmo. A existência de um objeto de disputa – uma empresa de família, por exemplo – só serve de desculpa para enfrentar o irmão invejado. O verdadeiro desejo é destruir a pessoa invejada.

A ganância, a terceira fúria nesta trindade sombria analisada por Klein, está intimamente ligada à inveja: é o desejo urgente de ter mais do que se pode usar e desfrutar, de ter tudo (devorar todo o seio), de controlar e possuí-lo completamente. Tanto a inveja quanto a ganância objetivam a destruição do objeto desejado: a inveja por estragar a bondade do objeto amado com a própria maldade, projetando as partes más do seu eu no outro (identificação projetiva); a ganância por introjetar todo o outro em si mesmo.

Na visão de Klein, o seio da mãe é o objeto de amor original em torno do qual todas essas emoções sombrias giram. O seio é a fonte da vida e, portanto, também simboliza a própria criatividade. Klein acredita que a principal questão encontrada, onde quer que apareça a inveja, é a criatividade. Ter acesso à criatividade e à fonte de energia criativa é o motor da inveja, em última análise. Desde o início, o próprio potencial de criatividade do bebê é projetado no seio da mãe, criatividade de que o ego precisará para seu próprio crescimento e integridade futura. Como a primeira visão da criatividade está localizada fora de nós mesmos, a pessoa se sente dependente dela para o crescimento e para a própria vida. Assim, o ego nascente está alienado desde o início de sua própria fonte de criatividade e crescimento psíquicos. Isso deve eventualmente ser recuperado pela psique individual por meio da reintrojeção, pois, como Klein concebe o desenvolvimento, "o seio da mãe forma o núcleo do ego e contribui vitalmente para seu crescimento e integração" (1956, p. 215). O desenvolvimento do ego é constituído, então, por esses dois movimentos: a projeção do Eu no outro, seguida pela introjeção dele de volta no ego.

Em sua discussão sobre a centralidade do seio para a criatividade, integridade e desenvolvimento do ego, Klein está claramente se referindo à mesma entidade que Jung chamou de si-mesmo, o principal arquétipo organizador da psique, mesmo que suas descrições e conceitualizações sejam muito diferentes. Enquanto a discussão de Klein é orientada a objetos, a de Jung é intrapsíquica. Para Jung, o seio kleiniano seria considerado um símbolo do si-mesmo, uma mandala com um centro bem definido. Um objeto ou imagem se torna um símbolo quando medeia a energia entre o ego e um arquétipo, e o seio é esse objeto/imagem. O arquétipo mediado pelo seio é o si-mesmo, que, segundo trabalhos posteriores de Jung, constitui o núcleo do ego e promove seu crescimento e integração ao longo da vida. A crítica junguiana de Klein é que ela localiza o interno no externo: a razão pela qual o seio tem tal centralidade e poder é que ele carrega uma projeção do si-mesmo.

É o si-mesmo ausente, portanto, que está fundamentalmente em questão nas fantasias projetivas e introjetivas dos invejosos e gananciosos. Jung poderia facilmente se juntar a Klein ao dizer que a questão da inveja é a localização da criatividade, mas eles discordariam quanto à origem e à alimentação da criatividade psíquica.

Em uma teoria junguiana do tema, pensaríamos na inveja como um sintoma psíquico, e não como uma expressão de destrutividade primária, desejo de morte ou mal. O despertar da inveja é um sinal de que algo está errado, mas surge do que de outro modo seria uma fome benigna pela completude da individualidade. Uma vez constelada, no entanto, a inveja pode se tornar crônica e, então, aliar-se ao lado sombrio do eu. Nesse ponto, a inveja tem a capacidade de canalizar a energia da individuação (o impulso para a totalidade) para a destrutividade. Essa é a tragédia da inveja. É a história de Iago destruindo Otelo não para conquistar Desdêmona para si ou para tomar o lugar de Otelo no reino, mas como um fim em si mesmo.

A percepção de que a criatividade é a questão fundamental no problema da inveja, embora admitida por Klein, não se desenvolve em grande medida em seu trabalho, talvez devido à ligação que estabeleceu entre a inveja e *thanatos*. Os autores junguianos que a seguem, por outro lado, tendem a tomar esse outro caminho. A conexão entre inveja e criatividade foi captada e elaborada pelo junguiano londrino Michael Rosenthall. Ele afirmava que o objeto invejado não é o seio, mas sim "uma imagem primitiva de natureza fálica. É um objeto capaz de excitação, orgasmo, ódio e onipotência. É bissexual. Esta imagem é principalmente derivada do arquétipo da mãe" (1963, p. 73). Na opinião de Rosenthall, a inveja tem o efeito corrosivo de bloquear a constelação do oposto contrassexual (*anima*/*animus*) e, assim, impede a plena experiência do amor. Com Rosenthall, a imagem mudou do seio para o falo, mas ambos simbolizam a criatividade. Ambos têm suas raízes no arquétipo da grande mãe. Ambos são símbolos do si-mesmo. Para a pessoa com inveja crônica, a criatividade permanece na grande mãe e com ela, e assim o desenvolvimento do indivíduo é interrompido. Esta pessoa não quis ou não conseguiu extrair-se do inconsciente o suficiente para desenvolver a individualidade e a separação. A inveja, de acordo com Rosenthall, é um sintoma de uma interrupção no desenvolvimento psicológico e funciona para manter aquele estado de estagnação psíquica, bloqueando a constelação da *anima* ou *animus*. É precisamente isso que é necessário para conduzir o indivíduo para fora da escravidão por constelar amor.

Em conexão com a observação de Rosenthall sobre o objeto de inveja, lembramos o famoso sonho de infância de Jung sobre o falo subterrâneo, que Aniela Jaffé interpretou como a representação simbólica mais antiga da criatividade de Jung. No caso de Jung, o falo numinoso não permaneceu trancado no reino da grande mãe, mas tornou-se disponível para sua personalidade consciente e foi responsável pela incrível potência (e disponibilidade da *anima*) de sua vida madura. Se assim não fosse, ele poderia ter se tornado um Iago, um gênio da inveja devido à criatividade frustrada e ao contato bloqueado com o si-mesmo.

Mary Williams, outra junguiana de Londres, seguiu as ideias de Rosenthall em um artigo importante sobre a *inveja primária* e desenvolveu uma lista de traços que caracterizam pacientes com inveja crônica. Os principais são características limítrofes graves, a incapacidade de aceitar interpretações analíticas da *mãe* analítica (uma rejeição baseada na inveja) e uma forte tendência de tentar reverter o relacionamento com o analista para que este se torne o paciente e vice-versa. Williams se concentra nas características de transferência da pessoa invejosa, observando a perturbação nas capacidades de relacionamento. A pessoa com inveja crônica e constitucional não consegue se relacionar com outra de uma forma objeto-relacional apropriada.

Seguindo essas contribuições fundamentais, Judith Hubback relacionou a inveja ao conceito de sombra de Jung. Seu trabalho claramente separa a inveja de *thanatos* e estende a discussão para a inveja inconsciente, destacando a importância para a análise, descobrindo a transferência e a dinâmica contratransferencial de tornar a inveja consciente. Tanto Hubback quanto Schwartz-Salant apontam a necessidade crucial de descobrir o componente da inveja na sombra para que ocorra um maior desenvolvimento e experiência do si-mesmo. De acordo com esses dois autores – e também para os Ulanov em seu extenso e impressionante estudo da inveja em *Cinderela e suas irmãs* –, o caminho para o si-mesmo paradoxalmente passa pelo estreito portal da inveja inconsciente e, a menos que essa passagem difícil seja aberta, o ego pode não ser capaz de entrar em contato interno genuíno com o si-mesmo. Esses autores parecem apoiar a noção kleiniana de que todos nós temos alguma inveja e talvez nasçamos com ela.

A inveja pode não ser o caminho mais nobre para o si-mesmo, mas parece oferecer alguma possibilidade de se chegar lá, ainda assim. A implicação é que, para viver criativamente, é preciso tomar consciência da *personalidade Iago interior*; caso contrário, a inveja que está alojada no inconsciente bloqueará o fluxo de energia. Essa linha de pensamento fornece um ponto de referência para problemas como o *bloqueio de escritor*; isso pode ser devido aos efeitos da inveja inconsciente.

O padrão de inveja e a rivalidade entre irmãos no mito e na religião

A erupção da inveja na rivalidade entre irmãos ocorre quando um irmão ganha acesso privilegiado ao si-mesmo (geralmente por meio do amor e atenção especial dos pais) e se torna tão identificado com ele – como o filho favorito, o menino de ouro, o escolhido – na mente do rival, que o ciúme e a dose usual de rivalidade normal entre irmãos se transformam em inveja. O herdeiro do si-mesmo (seja imaginado como seio ou falo) pode se tornar seu dono de tal maneira, ou a tal ponto, que suas bênçãos, nutrição e prazer passam a ser negados aos outros. Quando o trio do ciúme se transforma no duplo da inveja, nós nos deparamos com a rivalidade entre irmãos em sua forma mais destrutiva.

Um mito que está no cerne de nossa herança cultural e religiosa descreve e esclarece o padrão que estou discutindo. A versão clássica desta história é encontrada no poema épico de John Milton, *Paraíso perdido*. Em sua reimaginação clássica da história do Gênesis, Deus Pai tinha um filho que era seu companheiro radiante, Lúcifer, um líder das hostes celestiais. Mas esse filho era ambicioso e buscava um poder impróprio e autoengrandecimento. Eventualmente, Lúcifer liderou uma rebelião contra o Pai e foi esmagado por uma força superior. Este filho caiu em desgraça. O Pai teve um segundo filho, Cristo. Este filho era obediente e estava disposto a fazer exatamente o que o seu pai mandava. Ele se tornou um servo e se ofereceu como um sacrifício perfeito à vontade de seu Pai.

Por meio da obediência perfeita, o segundo filho recebeu a bênção completa do Pai e foi entronizado à sua direita. Na verdade, Ele e o Pai tornaram-se um, e o que este Filho abençoa é abençoado, e onde o Filho nega sua bênção, a do Pai também é negada.

Esses dois irmãos, Cristo e Lúcifer, são agora inimigos eternos. Os sentimentos do irmão mais velho em relação ao mais jovem se transformaram em inveja ao vê-lo tornar-se totalmente identificado com o Pai e o Pai com Ele. Isso aprofundou sua destrutividade ao ponto do mal absoluto:

Lúcifer se tornou satanás e o anticristo. O Pai apoia e mantém a condição de separação dos dois. O irmão mais velho sai em busca daqueles que pode devorar: ele está agoniado pela ganância e nunca pode ser satisfeito; só pode destruir, não pode criar.

Nesse mito não há solução para o problema do irmão invejoso, satanás. Aquele que antes era Lúcifer, o portador da luz, tornou-se o anticristo e é essencialmente definido pela hostilidade e negatividade. Lúcifer é uma representação da sombra do ego do Ocidente. Esta é a imagem que os povos indígenas descrevem quando observam a expressão no rosto do europeu voraz e impulsivo.

Quando Milton, um protestante puritano e antimonarquista cromwelliano, recontou esse mito em *Paraíso perdido*. entretanto, ele conjurou uma imagem de satanás que mostra grande vitalidade e até mesmo considerável apelo emocional. Ninguém estremece em sua presença como faria na presença do mal absoluto. Na verdade, William Blake comentou mais tarde que Milton estava secretamente do lado de satanás. Essa preferência certamente refletia a própria psicologia de Blake e seu ódio pessoal contra o *establishment* religioso favorecido na Inglaterra. Ambos os poetas, pode-se argumentar, sentiram a necessidade de redimir a sombra luciferiana de sua identificação com o mal absoluto.

Jung também assumiu de muitas maneiras o papel do filho mais velho, argumentando, por exemplo, que a tarefa do homem moderno é integrar, conscientemente, a sombra do cristianismo e seus ideais elevados. Fica claro, a partir dos escritos de Jung, que ele estava tentando fazer a ponte entre o bem e o mal, entre o ideal do ego e o ego-real, em si mesmo e em seus pacientes, bem como na cultura em geral. Isso exigiria enfrentar o problema da inveja nas sombras pessoais e coletivas.

Jung discute o problema do Pai e de seus dois filhos hostis em seu ensaio *Interpretação psicológica do Dogma da Trindade*. Ali ele coloca esse mito na perspectiva de um processo de desenvolvimento. Primeiro, há o estágio apenas do Pai, que é caracterizado pela unidade pleromática. Este é o idílio da infância, um estado de completude primordial e unidade no ventre da mãe e depois em seu seio. À medida que esse estado de totalidade inconsciente se desfaz e começa a se diferenciar, o ego emerge e o segundo estágio começa. Conforme o estágio inicial de totalidade e unidade com o mundo (*participation mystique*) é perturbado e o estágio de dualidade se instala, o ego começa a fazer distinções. A distinção entre o seio da mãe e o bebê ocorre à consciência – o *eu* e o *não eu* –, e então vem a distinção entre a mãe como um todo, que está no comando do seio, e do bebê. Nesta fase, também, a discriminação é feita entre o bem e o mal (inicialmente como partes da mãe, talvez; seu "seio bom" e seu "seio mau", nos termos de Klein), e logo segue a distinção entre as partes boas e más do si-mesmo. Isso inicia a formação de imagens de sombra.

Este segundo estágio é inevitável, pois a consciência se desenvolverá e a discriminação dos elementos do mundo e de partes díspares do si-mesmo deve ocorrer. Mas isso também inaugura tensão e conflito entre as partes opostas. Agora existe uma criança boa e uma criança má, uma mãe boa e uma mãe má. Essas partes conflitam entre si na mente da criança. No desenvolvimento posterior, este é o conflito que se manifesta violentamente entre a personalidade *persona*-ego, de um lado, e a personalidade-sombra, do outro.

No nível da ideação e imagens religiosas, esse estágio de desenvolvimento está por trás do conflito Cristo-anticristo.

O desenvolvimento normal da consciência leva inevitavelmente ao estágio da dualidade, porque, para funcionar de maneira adaptativa, a consciência humana deve ser capaz de fazer distinções. Mas isso não leva necessariamente ao tipo de alienação permanente que vemos no mito bíblico, que gera inimizade crônica entre as duas partes, os irmãos, e inveja crônica na parte menos favorecida. Um resultado alternativo pode ser visto no mito grego do nascimento de Hermes, conforme recontado por Homero em seu *Hino a Hermes*, por exemplo, em que há rivalidade entre o presunçoso Hermes e seu irmão mais velho Apolo, mas no qual os irmãos elaboram um relacionamento sob a instrução do pai Zeus, e isso resulta em uma troca de presentes e na amizade entre eles. A inveja se torna um problema apenas quando o rival é percebido como totalmente controlador e empecilho permanente ao acesso à fonte de criatividade e valor, quando um é permanentemente "escolhido" e o outro é permanentemente rejeitado.

Na terceira fase de desenvolvimento, conforme delineado por Jung (o estágio trinitário), a dualidade do segundo estágio é transcendida e a harmonia é restaurada. (Isso está representado no mito de Hermes e Apolo: eles experimentam gratidão e compartilham presentes.) Agora, a consciência do ego está consolidada e a integridade é alcançada. As partes hostis são reunidas e integradas.

Aqui, o problema com nossa mitologia coletiva judaico-cristã se torna evidente. Ao contrário do mito grego de Hermes e Apolo, que alcançam a reconciliação e a fraternidade, o mito bíblico mantém a imagem do *filho mau* (Lúcifer, tornado satanás), que nunca é trazido de volta e incluído no reino celestial, ao lado da imagem do *bom filho* (Cristo), que se assenta à direita do Pai. Segundo Jung, a Santíssima Trindade da doutrina cristã representa apenas a primeira etapa de uma possível solução para o problema da dualidade (e da inveja) e pode, portanto, ser considerada apenas uma representação parcial do si-mesmo integrado. Permanece ideal e espiritual, mas carece de integração com a sombra.

Visto que a divisão entre o bem e o mal permanece tão incorrigivelmente arraigada em nossa mitologia, uma estrutura semelhante em nossa psicologia pessoal é fortemente encorajada. A obscura e invejosa sombra luciferiana do ego do Ocidente, que foi constelada em nossa história cultural e é revelada neste mito, ainda não superou seu estranhamento e nem foi incluída no si-mesmo.

Com esse mito de uma divisão eterna entre o filho bom e o filho mau e com a identificação do filho bom com o pai/si-mesmo como nossa formação psicológica comum, não é difícil entender por que é uma luta tão grande para muitos de nós nos sentirmos bons o suficiente sem sermos perfeitos. No cristianismo, o vínculo com o si-mesmo passa pela imagem de Cristo, ao lado do qual nossos egos parecem muito mais luciferianos do que o contrário. A própria perfeição da bondade de Cristo lança uma sombra escura sobre nós, por contraste. Visto que Cristo ocupa a posição privilegiada da autoimagem e controla o acesso ao si-mesmo – o pão celestial, a água da vida, a nutrição divina para nossa vida diária –, somos necessariamente atraídos a Ele por nossa criatividade, esperança e automanutenção, mas então estamos igualmente alienados de nós mesmos por causa de nossa imperfeição. O problema psicológico é que apenas uma parte do nosso ego pode se identificar com Cristo, e a outra parte – o lado sombra luciferiano – permanece excluída e irremediável. Nessa posição, ela inevitavelmente se projeta para fora, sobre os outros, geralmente sobre aqueles que ameaçam nosso acesso à criatividade e ao valor. Os portadores das sombras são simultaneamente geradores de reações de inveja, e esta gera ódio e desprezo absolutos. Por isso achamos tão fácil destruir nossos inimigos com a consciência limpa: eles são maus. Mas nossa inveja, como Judith Hubback aponta, está na sombra e, portanto, no inconsciente.

A Bíblia, na qual este mito se inscreve, repete com grande frequência o tema de dois irmãos que se veem presos em amarga rivalidade e inimizade. Como sabemos por experiência analítica, temas recorrentes são extremamente importantes; algo quer se tornar consciente e não foi capaz de fazê-lo. Essa é a dinâmica da inveja que é constelada pelo ato fundamental de Deus quando Ele escolhe um favorito e faz uma aliança que exclui os demais.

Em um nível de leitura, a Bíblia é uma saga familiar (como os *Buddenbrooks* de Thomas Mann, p. ex.) que se estende por muitas gerações. Caim e Abel prepararam o cenário. As ofertas do irmão mais novo, um pastor, têm preferência sobre as ofertas de seu irmão mais velho, um agricultor (Gn 4,3-5). Caim suporta essa humilhação até que a rivalidade entre irmãos se transforma em inveja e a raiva o domina. Ele mata o irmão. Mais tarde, o sábio da família, José – novamente um irmão mais novo –, é escolhido por seu pai para favorecimentos. José ostenta sua condição especial e estimula a inveja em seus irmãos, que querem matá-lo, mas no último minuto o vendem como escravo. Mais uma vez, a rivalidade entre irmãos se transforma em inveja e leva à fúria assassina. A Bíblia igualmente menciona Davi, o mais jovem de doze filhos, que é escolhido para ser rei de Israel, sendo elevado não apenas acima de seus irmãos, mas também do Rei Saul, que tem acessos de raiva induzidos pela inveja e tenta repetidamente matar Davi.

Por fim, há a instância de Jesus como o *escolhido*, substituindo Israel nesta posição de privilégio e direito. No contexto mais amplo da história ocidental, Israel se torna agora o irmão mais velho deslocado. Como o Cristo ressuscitado, Jesus oferece entrada por adoção na família do Pai, e aqueles que entram por este meio ocupam a mesma posição de privilégio que Cristo desfruta. Isso deixa Israel na posição de fazer reivindicações rivais a este lugar de honra como *escolhido*, e assim o judaísmo e o cristianismo caem em uma espécie de rivalidade coletiva entre irmãos. Cada irmão reivindica prioridade de relação com o Pai/si-mesmo. Em certos casos, essa rivalidade se transmutou em inveja e levou ao desejo de destruir o outro.

No centro desta história de família está a imagem de um Pai que primeiro criou todos os povos terrestres e depois escolheu os favoritos entre seus muitos filhos. A presença desse Pai voluntarioso assombra toda a crônica familiar.

A escolha é talvez o tema mais importante da Bíblia; Deus faz uma aliança com os seus escolhidos. Todo o resto depende dessa decisão fatídica. Quando o Pai escolhe um favorito por algum motivo irracional e inexplicável, põe em movimento uma dinâmica que por sua vez gera ciúme, rivalidade entre irmãos e, em última instância, inveja e ataques assassinos tanto sobre os escolhidos quanto sobre os não escolhidos. A dualidade que é criada por este ato de discriminação torna-se fixa e gera, por sua vez, um severo processo de divisão na história. Os *escolhidos* são alvo de ataques de inveja porque ocupam uma posição privilegiada em relação à fonte de criação e sustento; os não escolhidos são atacados porque carregam a sombra dos escolhidos e são vistos como maus e sem valor.

A rivalidade e a inveja entre irmãos estão incrustadas na fibra de nossas tradições culturais e religiosas.

Inveja e rivalidade entre irmãos na prática

Entre aqueles que procuram a psicoterapia existe um grupo significativo de pessoas que sofre de inveja crônica. Muitas vezes, a princípio isso é mais inconsciente do que consciente, mais na sombra do que abertamente reconhecido e sofrido conscientemente. Essas pessoas são sutilmente identificadas como crianças rejeitadas, como os filhos ou filhas *maus*. Frequentemente, são crianças mais velhas que foram substituídas no afeto dos pais por irmãos mais novos, talvez mais talentosos ou apresentáveis, os *escolhidos* ou especiais. O que pode ter começado como rivalidade entre irmãos do tipo ciúmes endureceu e se transformou em ódio entre irmãos do tipo inveja. Essas pessoas convivem com a inveja como realidade psíquica cotidiana e, consequentemente, apresentam grande dificuldade em formar e manter relacionamentos.

Às vezes, a gravidade de seu distúrbio os coloca na categoria diagnóstica de transtorno de personalidade limítrofe, como Mary Williams já sugeriu. Outras vezes, porém, a inveja crônica é tão bem disfarçada e tão habilmente administrada pelas defesas do ego, que a pessoa não mostra os traços típicos da personalidade limítrofe. Essa pessoa pode estar bem adaptada, com um ego forte e capaz funcionando, mas ser continuamente vulnerável a ataques sutilmente debilitantes de inveja. Isso abala a autoconfiança e o valor próprio e cria um estado crônico de tensão e ansiedade. Essa pessoa pode não explodir de raiva, como é típico de personalidades limítrofes, mas, em vez disso, conter e compensar a raiva e o ódio comendo em excesso, bebendo muito, fumando ou trabalhando demais. Entretanto, no trabalho, há pouco prazer no sucesso porque o resultado é sempre visto como o segundo melhor. Como um paciente me disse muitas vezes: "Frequentemente sou quase, mas nunca exatamente *o especial*".

Quando essas pessoas se deparam com suas contrapartes aparentemente mais bem-sucedidas, sofrem intensamente. Os invejados são aqueles em quem todos se deleitam, que desfrutam de sucesso e de um lugar de privilégio, aqueles sobre os quais irradia incessantemente o sol da honra e da atenção. O sujeito invejoso deve então conter cargas poderosas de ódio e impulso destrutivo, e estas geralmente são canalizadas para alguma forma de comportamento autodestrutivo.

Deve-se afirmar, também, que todos experimentam ocasiões de inveja; ela é uma reação emocional universalmente humana. Os pacientes podem sentir inveja de seus analistas de vez em quando, e os analistas ocasionalmente também sentirão inveja de certos pacientes (cf. Hubback, 1988, p. 111). As pessoas a que me refiro especificamente aqui, no entanto, são cronicamente invejosas. Vivem em um mundo psíquico de vulnerabilidade contínua às reações de inveja e têm como tarefa psicológica central resolver isso. O projeto de tornar conscientemente a inveja crônica é o precursor necessário para resolver quaisquer que sejam suas causas.

A observação analítica dos invejosos crônicos revela uma perturbação característica na relação entre o ego e o si-mesmo. É como se o mito citado anteriormente se manifestasse em seu mundo interior. O ego tem sua posição e seu papel, mas é luciferiano, alienado do si-mesmo. Para esse ego, mesmo se intacto, não há um centro interior confortável. Ao mergulhar em seu interior, essa pessoa normalmente entra em um vazio ou em um mundo de autoacusações atormentadoras. Tais pessoas não conseguem se acalmar com eficácia, não conseguem encontrar conforto na meditação ou na imaginação ativa e, principalmente, sentem ansiedade, baixa autoestima, vazio e vozes internas críticas. Se outro tipo de figura aparecer na imaginação ou fantasia ativa dessas pessoas, ela se tornará objeto de inveja; é o preferido, o favorecido, o escolhido, e o ego é atirado de volta a sentimentos de rejeição e inutilidade. A fantasia, a esse respeito, segue o padrão da experiência de vida, cujas origens estão nas experiências de rivalidade entre irmãos na primeira infância. Essa pessoa vive com um sentimento constante de ser abusada e envergonhada. Em seu extremo, na personalidade limítrofe, é uma alma no inferno, condenada ao tormento eterno por um pai/Deus indiferente ou hostil.

Palavras analíticas calmantes podem exacerbar a dor desse tipo de paciente, e isso cria um problema para o terapeuta treinado para ter empatia. O paciente *sabe* que o analista prefere os outros pacientes e, certamente, quando o mundo da família e dos amigos do analista é levado em consideração, o paciente entra no fim de uma longa fila de outros preferidos. A transferência está carregada de expectativas de rejeição e humilhação. O analista pode, é claro, tornar-se objeto de inveja, assim como o pai rejeitador. O detentor do si-mesmo sempre prefere outra figura, e o ego é sempre o segundo (na melhor das hipóteses), ou desprezado e humilhado.

Aqui temos a psicologia de alguém cuja sombra pode muito bem ser ideal em vez de repulsiva. A sombra consiste nas partes repudiadas (traços, atributos, impulsos, desejos) de si mesmo pelas quais se sente aversão. No caso de invejosos crônicos, paradoxalmente, a aversão é sentida pelas qualidades (e pelas pessoas que as incorporam) que costumam ser valorizadas pela sociedade e até mesmo pelo invejoso (embora secretamente). A função psicológica da idealização, que geralmente é considerada uma defesa contra a intimidade ou uma isca para uma maior integração do si-mesmo, aqui é transformada em ocasião para uma reação de inveja excruciante. O que é projetado e idealizado como uma qualidade valiosa é um aspecto de si próprio, mas por causa da estruturação interna da relação entre o ego e o si-mesmo nessas pessoas, isso se transforma no significado de que outra pessoa tem mais do si-mesmo, ou é melhor; portanto, deve ser invejada e odiada, em vez de sentir que tal relação privilegiada é algo a que se pode aspirar. A projeção dessas características idealizadas do si-mesmo nos outros afasta o ego, aliena-o ainda mais e cria a dolorosa repetição de humilhação e isolamento. O self-objeto é uma figura de sombra a ser evitada ou destruída. Por isso, essas pessoas formam relacionamentos com analistas idealizados e outros que são profundamente conflituosos: de um lado há admiração; de outro o ódio e o desejo de destruir.

É trágico quando essas pessoas acabam se sentindo más. Elas se identificam com a criança rejeitada que foi condenada e levada ao isolamento, e nele, elas se sentem inúteis. Então, cheias de inveja dos favorecidos e, consequentemente, carregadas de ódio e desejo de destruí-los, passam a sentir que elas próprias personificam o mal. Essa distorção pode se tornar tão completa, que é na verdade um gesto de bondade e generosidade da parte delas quando se oferecem para cometer suicídio: estariam diminuindo a presença do mal na terra em pelo menos isso!

A difícil tarefa psicológica dessa pessoa é permitir que a raiva e a destrutividade impulsionadas pela inveja adentrem totalmente a consciência e transformem sua energia em busca e demanda por autoafirmação. Ao tornar essa inveja tão consciente, há, por um lado, o perigo de suicídio ou homicídio; por outro, há a possibilidade de redimir o ego da inveja luciferiana e forjar para ele um lugar dentro da ordem dos escolhidos e aceitáveis. Há também a demanda e a oportunidade de curar os relacionamentos com outras pessoas significativas que eram conflitantes e foram rompidos por ataques de inveja.

Ao acolher esse tipo de pessoa em análise, o profissional enfrenta o desafio nada invejável de suportar os inevitáveis ataques de inveja à medida que a transferência se instala. Compreensivelmente, o analista passa a ser visto como uma pessoa que tem acesso a um abundante suprimento de coisas boas, como cuidados, amor, calor humano e admiração. O analista também tem o poder de dar ou negar tais coisas aos pacientes. Normalmente, nesses casos, o analisando se queixa de se sentir privado do analista, que poderia dar muito mais se fosse mais aberto, mais disposto, mais "presente", mais generoso. O analista silencioso, receptivo e empático irá ser visto como estando astutamente reprimindo e desfrutando de seus próprios sentimentos e pensamentos preciosos, não querendo compartilhar essa riqueza de ouro psíquico com o paciente faminto. Além disso, o analista poderia compartilhar seu corpo, mas o retém também. Palavras interpretativas suaves de empatia proferidas desta posição podem irritar e humilhar ainda mais o paciente. As tentativas de autorrevelação, para mostrar que o analista também é humano e sofre golpes e dores semelhantes da vida, paradoxalmente estimularão ainda mais a inveja; o analista é alguém que pode superar tais problemas e não ser arrastado por eles para o atoleiro. Os conselhos ou palavras de consolo são tomados como insultos, como ataques sutis que fazem comparações hostis entre paciente e analista. O sentimento de impotência e a diminuição da autoconfiança sentidos pelo analista em resposta às sessões com tais pacientes atendem perfeitamente ao propósito destrutivo do analisando invejoso.

O desafio do analista é sobreviver a esses ataques e conter toda essa hostilidade enquanto espera que o si-mesmo mostre sua mão de outra direção. A relação analítica pode se tornar um banho alquímico escuro e permanecer na fase *nigredo* por um tempo aparentemente interminável. A análise é o recipiente para esse efeito corrosivo, e sua força será testada poderosamente pelas descargas potentes da inveja à medida que a vida interior de dor, amargura e humilhação preenchem as sessões. Mas, como diziam os alquimistas, devemos nos alegrar quando o estado *nigredo* é alcançado: é quando a inveja inconsciente crônica pode vir totalmente à tona e ser experimentada consciente e diretamente. Só agora ela pode se tornar sujeita a uma possível transformação.

O que precisa ser transformado é a atitude hostil do paciente em relação ao seu próprio ego luciferiano faminto, para que o eixo ego/si-mesmo possa ser reparado. A ganância pode então retornar à sua proporção normal de fome por coisas boas e pelo si-mesmo, e a inveja pode ser reduzida a uma busca dinâmica pelo si-mesmo. O "ingrediente faminto, desejoso e imitador da inveja" (Hubback, 1988, p. 115) é necessário para o crescimento do ego, não apenas na infância, mas também no desenvolvimento posterior. Assim, a inveja assume uma função prospectiva, mostrando o caminho para o si-mesmo. O que a pessoa inveja também é simbolicamente o que ela deseja e precisa para se tornar uma pessoa plena. Essas necessidades e desejos não são maus em si mesmos; é o desespero na desesperança de nunca obtê-los que cria o ódio e a destrutividade.

Uma mulher de cinquenta e poucos anos, viúva, fumante e lutando com problemas de excesso de peso, porém, mais profundamente com problemas de ganância e inveja que surgiram e se solidificaram em sua família original e na rivalidade entre ela e a irmã, estava em análise há vários anos quando sonhou que foi à minha casa para ir ao banheiro. Ela entrou em casa, mas encontrou meu filho adolescente no banheiro e, por isso, não pôde usar as instalações sozinha. O adolescente então puxou uma cortina de hospital em torno de si e se escondeu atrás dela. Esse sonho foi interpretado à luz de sua tentativa, refletida na sessão anterior, de colocar suas "coisas ruins" em mim e minha relutância em deixá-la fazê-lo. Ela se conteve e não se deixou levar por completo. Ela também estava com raiva e inveja de meu filho, que podia fazer o que quisesse em minha casa. Seu ataque de inveja não foi totalmente desencadeado; ela conseguiu manter a compostura e conter a emoção associada. Ela comentou que a minha distância criava uma atmosfera na qual não era possível para ela se tornar *mais próxima*, e, embora esta fosse uma reclamação de longa data, também reconheceu agora quão destrutiva sua inveja podia se tornar.

Em um sonho subsequente, ela foi presenteada com dois bebês por uma freira. São gêmeos. Ela sorri para eles, e eles retribuem o sorriso. Ela acorda feliz e satisfeita. Fora a primeira vez, pelo que ela se lembrava, que uma resposta positiva tão forte viera de outras figuras oníricas. Esse sonho, viemos a perceber, era uma indicação de que um novo desenvolvimento estava em andamento na relação de seu ego com o si-mesmo. Nesse sonho, ela se sentiu satisfeita e alegre; sentiu-se plena, amada, vista, valorizada. Nessa sessão, quando contou sobre esse sonho, ela passou a me dizer o quanto apreciava a mim e os nossos anos de análise. Seus olhos se encheram de lágrimas, a prova de gratidão. Ela estava superando sua inveja de mim e era capaz de sentir gratidão porque tinha algo próprio, uma criança sorridente que respondeu a ela e lhe prometeu amor.

Segundo Klein, a solução para a inveja surge quando a pessoa se sente restaurada ao seio e pode sentir gratidão por ser saciada, em vez de ódio por ser privada. A experiência do amor se torna possível à medida que a inveja diminui. Hubback apoia esta observação clínica. Eu apenas acrescentaria que a inveja é superada à medida que o si-mesmo é experimentado no íntimo e vivido. Nos sonhos mencionados, a inveja está sendo trabalhada. Quando os bebês, que representam o si-mesmo, sorriem e dão à sonhadora um sentimento de aceitação, o estágio de dualidade entre o bem e o mal é transcendido e um movimento em direção à reconciliação e integração se mostra em andamento.

A prova de fogo dessa reconciliação aconteceu nos meses e anos seguintes, enquanto essa corajosa paciente trabalhava para curar os relacionamentos profundamente conflitantes com a mãe e a irmã. A rivalidade entre irmãos desde a primeira infância havia estragado o relacionamento entre as irmãs, e o endurecimento dessa rivalidade em inveja crônica teve seu motivo na percebida preferência da mãe pela irmã. Essa paciente foi capaz de transformar seu relacionamento com a mãe a ponto de não se sentir mais rejeitada e afastada. Foi por sua iniciativa e esforços repetidos que essa cura ocorreu. Depois que a conexão com a mãe foi melhorada, ela teve condições de retomar o relacionamento com a irmã invejada. Uns dois ou três anos depois de encerrar sua terapia comigo, enquanto tudo isso ainda estava nos estágios iniciais do processo, ela veio mais uma vez para me contar sobre o trabalho que havia feito desde que paramos de nos encontrar. Ela relatou uma melhora notável nos relacionamentos em geral, porém, mais particularmente nos de sua família imediata. Agora ela estava em contato constante com a irmã e era capaz de curtir os filhos dela como nunca antes. A inveja da maternidade de sua irmã havia se dissolvido o suficiente para não interferir mais em seu relacionamento com as sobrinhas e sobrinhos.

Um segundo exemplo de resolução da inveja é indicado no sonho de um homem na casa dos 40 anos. A inveja também era uma constante na vida dele, e recentemente se constelara em relação à sua esposa profissionalmente bem-sucedida e na transferência para mim. Em certo sentido, nós dois éramos irmãos rivais. Sonhou que era colocado na humilhante posição de ter de se tornar aluno de um homem muito mais jovem. Este jovem professor, embora menos experiente do que ele, gozava da simpatia de um mentor sênior. Em um ponto crítico do sonho, ele faz contato visual com um supervisor sênior na plateia, que indica com um aceno de cabeça e um sorriso que reconhece a superioridade do sonhador em relação ao jovem professor. Uma aliança tácita, mas genuína, é estabelecida entre a figura mais velha (pai) e o sonhador em oposição à figura mais jovem (sombra positiva). Tal sonho mostra a tentativa da psique de criar uma aliança entre o si-mesmo e o ego luciferiano, que tem tendência à inveja, e de tirar o fardo da sombra e da inferioridade dos ombros do ego. Aqui vemos uma elegante afirmação da autorregulação da psique na tentativa de superar a inveja criando uma relação mais positiva entre o ego e o si-mesmo. Paralelamente a isso, estava em andamento um processo de estabelecimento de uma forte relação de trabalho comigo na transferência. A idealização do analista tornou-se administrável e eventualmente poderia funcionar como fio condutor para importantes tarefas de individuação: melhorar sua posição profissional por meio da aquisição de um grau acadêmico avançado, envolver-se ele próprio com ensino e orientação e aumentar sua capacidade de ganho. À medida que a inveja foi transformada, tornou-se o sinal para as necessidades e caminhos da individuação.

Conclusão

A única solução genuína e não defensiva para o problema da inveja é uma relação ego/si-mesmo melhorada, na qual o ego sente que tem pelo menos igual acesso ao si-mesmo *vis-à-vis* a outros (e especialmente a sombra, p. ex., fraternal) elementos. Isso torna possível uma maior integração da sombra. Até que este ponto seja alcançado, a sombra, por demais positiva e idealizada, não pode ser abordada sem inveja. O ego precisa sentir que "sou a personificação, a encarnação do si-mesmo" neste *continuum* espaço-tempo particular que é meu corpo e minha vida. Em suma, precisamos nos sentir amados.

Culturalmente, somos herdeiros de um complexo paterno coletivo bastante hostil e crítico. Isso pode ser transmitido por meio do *animus* da mãe ou por meio de tal pai diretamente. Mas, como herdeiros culturais do mito de Adão e Eva, estamos na posição dos deserdados e deslocados e, portanto, somos especialmente vulneráveis à inveja e à rivalidade entre irmãos. Não temos apoio cultural para nos sentirmos sustentados e contidos pelo espírito generoso de um pai amoroso e receptivo que nos adora. Em vez disso, estamos sujeitos a julgamentos e críticas e, muitas vezes, à intuição de que os outros têm preferência em relação a nós. Nós nos perguntamos se estamos entre os favorecidos, os "eleitos".

Muitos de nós também fomos criados por pais críticos e, por isso, educamos nossos filhos com mais crítica do que elogios. É mais fácil e mais natural para nós criticarmos a nós mesmos, nossos filhos, nossos colegas e nosso mundo do que sentirmos motivo para abençoá-los e elogiá-los e sentir gratidão. Nosso espírito é dominado pelo julgamento, pela dúvida e pela crítica, e, consequentemente, pelo potencial de inveja daqueles sobre os quais projetamos uma relação ego/si-mesmo mais positiva.

Talvez no nível coletivo, o surgimento do mito da deusa seja uma tentativa de melhorar e retificar esse problema. A deusa pode ser menos severa e menos preferencial no tratamento dos irmãos. Claro, nisso também existe o perigo de regressão ao estágio pré-dualístico. Mas, para as mulheres, de qualquer maneira, que encontram na deusa uma representação do si-mesmo em que seus egos podem buscar identidade e força positivas, isso pode muito bem ser um movimento em direção ao estágio de desenvolvimento pós-dualístico. Para os homens, que não conseguem encontrar uma autoimagem na deusa, essa imagem pode representar certo abrandamento da crítica severa do pai e de sua preferência por um em relação aos outros de seus filhos. Em última análise, a autoimagem para ambos os sexos deve espelhar o ego, e este deve sentir que está incorporando o si-mesmo. "Eu e o Pai (ou a Mãe) somos um" é uma declaração da resolução que deve ocorrer em todos. Nesse sentido, precisamos que todos nos tornemos semelhantes a Cristo. Todos devem sentir que o ego é o lugar adequado para a encarnação do divino; tudo isso sem abrir mão da independência, autoafirmação e expansão energética do ego para os cosmos interno e externo.

Referências

Bion, W. (1962). Learning from experience. *Seven Servants*. Jason Aronson, 1977.

DiStasi, L. (1981). *Mal Occhio*. North Point.

Fordham. M. (1985). *Explorations into the Self*. Karnac.

Hubback, J. (1988). Envy and the shadow. *People Who Do Things to Each Other*. Chiron.

Jaffé, A. (1972). The creative phases in Jung's life. (pp. 162-190). Spring.

Jung, C. G. (1961). *Memories, Dreams, Reflections*. Vintage Books.

Jung, C. G. (1942). A psychological approach to the dogma of the trinity. In *CW* 11. Princeton University Press, 1969.

Klein, M. (1956). A study of envy and gratitude. In J. Mitchell (ed.). *Selected Papers of Melanie Klein*. Penguin Books.

Rosenthall, M. (1963). Notes on envy and the contrasexual archetype. *Journal of Analytical Psychology, 8* (1).

Schwartz-Salant, N. (1982). *Narcissism and Character Transformation*. Inner City.

Ulavov, A., & Ulanov, B. (1983). *Cinderella and her Sisters*. Westminster.

Williams, M. (1974). Success and failure in analysis: primary envy and the fate of the good. In G. Adler (ed.). *Success and Failure in Analysis*. Putnam's Sons.

Coniunctio e casamento

*Ann Belford Ulanov**

Podemos abordar o casamento em termos de quais arquétipos ele constela e que tipos de experiências de vida se desdobram nele. Encontramo-nos vivendo com e para nossos parceiros em padrões que organizam os problemas da vida com ênfases inconfundíveis. Descobrimos que certas imaginações, em algum lugar ao longo de nossa vida, tiveram uma forte influência na formação do que fazemos e dizemos. Os arquétipos se mostram em nosso comportamento comum. Por exemplo, uma imagem patriarcal e matriarcal da união conjugal revela-se no hábito de cada cônjuge dirigir-se ao outro na linguagem usada pelos pais, como mãe ou pai, ou pior, como mamãe e papai (Jung, 1927, *CW* 10, § 260; Ulanov, 1971). Outra forte imagem arquetípica que paira sobre alguns casamentos é a da amizade, uma conexão entre João e Maria (para mais informações, cf. kast, 1986).

---

* Analista junguiana em consultório particular na cidade de Nova York e professora de Psiquiatria e Religião na cadeira Christiane Brooks Johnson no Union Theological Seminary. Seu livro mais recente é *The Functioning Transcendent*, e com seu marido, Barry Ulanov, escreveu *Transforming Sexuality*.

Quero explorar padrões de vida muito diferentes que podem se desenvolver no casamento quando o arquétipo da *coniunctio*, a união dos opostos, é dominante. Quando este arquétipo entra em jogo na vida de um casal, ele abre um espaço para o casamento que difere fundamentalmente em origem e objetivo de um casamento realizado por motivos coletivos, como pertencer a uma instituição social, firmar um contrato, fornecer uma estrutura para reprodução ou obedientemente em conformidade com as convenções. O espaço que esse arquétipo constela difere igualmente dos casamentos realizados por motivos pessoais, como agradar os pais, engravidar ou encontrar promoção na sociedade. Neste espaço arquetípico não pretendemos obter um pai para nossa criança interior, e, no entanto, um reparo notável pode ser ocasionado para as partes de criança em nós. Não pretendemos fazer com que o outro mude o ambiente para nós – elevar nossa classe econômica, por exemplo – e, no entanto, uma transformação notável ocorre dentro e fora de nós. Não buscamos uma garantia de felicidade para sempre, mas podemos viver alegremente juntos.

Quando o arquétipo da *coniunctio* é ativo e vivenciado concretamente por um casal, ele cria um entusiasmo no ar, uma excitação por se estar vivo, ser real. A pessoa se sente única, mas engajada em um dos mistérios centrais da vida que tocam toda a família, tanto a atual quanto a intergeracional.

O que é a *coniunctio*?

O arquétipo *coniunctio* está associado à imagem de um acasalamento no *vas*, o vaso alquímico, no qual os elementos básicos são misturados, adicionados e trabalhados para se transformar em um novo centro de ser, duro como pedra (Jung, 1953, *CW* 12, §§ 218-219; Von Franz, 1980, pp. 159-160). Em tal casamento, o cozimento estaria operando em cada parceiro, entre eles e em ambos conjuntamente. Seria trabalhada a interpenetração, diferenciação e integração dos elementos no psiquismo de cada pessoa, bem como o encontro, a correspondência e o acasalamento de todos esses elementos entre si. Tal união é íntima em um nível muito profundo, causando mudanças intrapsíquicas radicais, bem como mudanças no comportamento mais habitual. Um homem, por exemplo, ficou totalmente surpreso ao saber que uma amiga mudara seus padrões de sono ao se casar. Ele não podia imaginar desistir de sua cama de solteiro grande, como ela tinha feito, para dormir com seu parceiro em uma cama de casal comum. "Mas por que você não comprou pelo menos uma grande cama *queen* ou *king size*?", admirou--se ele. "Porque não me casei para continuar como fui, mas para dormir *com* esse que amo", ela respondeu.

No fundo, tal casamento é aceito por toda pessoa, não como dogma, não como impulsionado por *dever* e *obrigação*, não como aprisionamento e não mantido para satisfazer funções. Em vez disso, é entrar por uma porta que se abre para padrões em constante mudança, de modo que a qualquer momento qualquer coisa pode acontecer. É ao mesmo tempo seguro e absolutamente aberto para que o novo entre. O arquétipo é por definição indeterminado; então, não há um modelo ou estereótipo de como se casar (Ulanov & Ulanov, 1994, cap. 1). Isso é especialmente verdadeiro quando um casamento encontra seu arquétipo dominante em imagens de *coniunctio*, pois elas falam de um processo contínuo, juntando elementos díspares em muitos estágios e maneiras diferentes.

Por exemplo, a imagem de *coniunctio* operando em um casamento nos ajuda a perceber problemas e oportunidades entre as duas pessoas à luz de uma poderosa questão: O que é a engenharia do si-mesmo? (Ulanov, 1994). Aqui estou usando o conceito si-mesmo para denotar a inteira psique em cada parceiro, inconsciente e consciente, e algo mais que nos dá acesso a um senso de realidade absoluta, ou de Deus, ou do que Jung chama de *unus mundus*, toda a existência além de nós, tanto material quanto psíquica. Quando, talvez, deparamo-nos com um problema de comunicação, em que um parceiro assume que o outro sabe o que se quer dizer sem realmente verbalizá-lo, e se sente cruelmente abandonado quando o outro não entende, podemos vê-lo como uma questão da morte necessária (*mortificatio*) que deve seguir uma *coniunctio* menor.

O parceiro que espera ser compreendido sem ter que se esforçar para se comunicar está preso em uma fusão de ego e conteúdo inconsciente. Esta é uma *coniunctio* menor porque o ego está contaminado com conteúdos inconscientes que precisam ser diferenciados (Edinger, 1985, p. 215). No entanto, o estado fundido permanece uma *coniunctio* porque surgiu por meio da confiança. Até então, esse parceiro tinha permanecido mudo, cheio de uma suspeita nociva de rejeição. Assumir, agora, que o outro entende o que não é expresso em palavras é uma conquista. Alguma parte do ego confia que é mantida em atenção por uma matriz interior inconsciente e pela escuta receptiva da outra pessoa. Uma junção, uma *coniunctio*, corrigiu algumas cisões em cada eu e na relação. Agora, muito é dito, mesmo que algumas frases comecem no meio de um parágrafo e o significado seja deixado tácito.

Perguntar o que o si-mesmo está projetando em tal impasse permite que cada pessoa reconheça os ganhos que foram visivelmente obtidos e que essa discussão continue a crescer. Quando um diz (ou grita) "Estou bravo com você! Você deveria me entender sem que eu explique tudo!", então, ambos os parceiros podem parar e perguntar o que acontece quando não somos compreendidos. Eles podem desenterrar a ameaça da velha desintegração quando um se sente abandonado pelo outro. Eles podem se juntar para apoiar a confiança incipiente que está havendo entre eles, mas também ver que algo mais é necessário. O impasse diz-lhes como ir mais longe: "Fale!", ele diz. "Fale mais! Elabore o que você quer expressar; eu quero ouvir!" A indignação de ambas as partes sinaliza que algo maior está tentando se estabelecer rompendo uma junção que já havia ocorrido. Essa junção agora é muito pequena, não se contenta em permanecer em um estágio menor.

No vocabulário do simbolismo alquímico essa junção é muito impura, os elementos precisam ser mais bem diferenciados. Como acontece com todos os eventos psíquicos, o mesmo ocorre com este impasse: encontramos seu significado olhando para trás, para sua causa e avançando para seu propósito. Olhando para trás, um casal pode ver que a *coniunctio* menor, em que cada um confia que o outro entenderá e oferecerá uma recepção calorosa, não é invalidada por alguma dificuldade presente. O passado permanece; simplesmente não é suficiente. Uma nova junção é necessária, não mais a antiga fusão inconsciente de elementos em cada um separadamente, mas agora algo novo, elaborado por escolha precisa e com paixão. Cada parceiro quer mais, não menos; muito mais clareza sobre o que o outro quer dar e compartilhar, o que significa que cada um deve se tornar melhor em encontrar o que está oferecendo e descobrir maneiras de receber. A pessoa é puxada para o crescimento. É trabalho, mas trabalho com um final feliz de sentir mais, não menos, de si mesmo. A outra pessoa, o ouvinte, o receptor, quer desenvolver uma audição melhor, uma recepção mais forte, mas sem ser manipulado para um papel de pai ou mãe, ou, por uma defensividade equivocada, repudiando violentamente esse papel como insultuoso. Agora, os elementos incompletos da conjunção anterior podem perecer à medida que ambas as pessoas começam a trabalhar construindo conexões maiores, junções mais espaçosas que permitem diferenças entre as duas.

Isso não quer dizer que discussões e impasses sejam ocasiões alegres. Sempre trazem sofrimento. Mas se sentirmos que nosso sofrimento tem um propósito, que, como um botão de flor rompendo uma calçada, uma nova vida, beleza e possibilidades estão sendo projetadas, então, podemos suportar o sofrimento e ter fé em seu significado oculto.

Este exemplo ilustra um tema importante na imagem arquetípica da *coniunctio*. Ela une os opostos de três maneiras: a *complexio oppositorum*, a *coincidentia oppositorum* e a *coniunctio oppositorum* (Jung, 1959, *CW* 9 (ii), §§ 355, 423; 1963a, *CW* 14, §§ 176, 541-542, 662). A complexidade de opostos que experimentamos quando muitas emoções ambivalentes nos sobrevêm em impulsos opostos como falar, calar, ficar bravo ou aceitar, repudiar ou acolher, e assim por diante. Todas essas partes são bastante reais. Elas caem sobre nós e zumbem em grande turbulência. Como Cinderela, precisamos separar nossas sementes.

A coincidência de opostos parece mais familiar: os mesmos pares de reações continuam aparecendo. Já passamos por este mesmo impasse; espero ouvir o que você quer dizer e você espera que eu adivinhe, que saiba intuitivamente. Os opostos ainda se aglomeram, mas agora discernimos alguma ordem, lembramos como era antes e comparamos confortavelmente com o cerco atual. Temos mais base. Essa sensação de reconhecimento é imensamente reconfortante para os casais que discutem. Em vez de se sentirem desamparados, presos outra vez no mesmo velho impasse, eles podem ver que foram projetados para chegar a este lugar. Na verdade, posso dizer aos novos casais que o primeiro ano de casamento é, inevitavelmente, ocasião para definir o motivo pelo qual estarão brigando na próxima década. Em qualquer relacionamento que se preze, os dois se verão pressionados a trabalhar em seus problemas de personalidade mais básicos e nas questões mais profundas entre eles, que, por viverem no mundo, na história, devem espelhar as grandes questões que atormentam a civilização. O trabalho do amor é ligar, conectar, tornar completo, gracioso, feliz. O amor abre espaço para o seu fluir da superfície para as profundezas, de um para o outro, e vice-versa, plantando o mundo, fazendo-o florescer, construindo uma ponte que se estende além do túmulo. Anneliese Aumüller, falecida analista junguiana, cita Jean Gebser: "As pessoas que acreditam que existe pura coincidência perdem suas vidas para a falta de sentido. Cada chamada coincidência contribui para o significado estimulante e a riqueza inesgotável de nossas vidas, tornando mais evidente que somos participantes do todo" (Aumüller, 1963, p. 190).

A conjunção de opostos chega a uma união dos diferentes elementos dentro de cada pessoa, bem como a uma união entre elas que sustenta cada qual em ser inteiramente seu próprio verdadeiro eu. De alguma forma milagrosa existe espaço suficiente para que cada elemento dentro de cada pessoa seja incluído e nenhum seja comprometido. Isso acontece por uma misteriosa alquimia: mantemos nosso próprio terreno, mas também o diferenciamos dos elementos contaminantes e encontramos maneiras de nos relacionarmos até com eles, em vez de reprimi-los ou com eles nos identificarmos.

No exemplo anterior, o parceiro que esperava ser compreendido sem dizer plenamente o que pretendia ainda vivia no que para um adulto é um estado contaminado, reduzido ao papel de criança confiando em sua mãe. O outro parceiro pode, de fato, ter um complexo materno e escorregar facilmente para esse papel ou se sentir indignado com a exigência de qualquer maternidade. Cada pessoa, então, deve diferenciar o ego do complexo ameaçador: um de criança, o outro de mãe. Se desempenham esses papéis de mãe-filho, seja por endosso ou repúdio, ficam contaminados, em si mesmos e em relação ao outro. Às vezes, o complexo de um parceiro pode dizer quando o outro está entrando novamente no papel de criança. Como? Porque, o primeiro pode dizer: "Sinto a compulsão de ser maternal". Ver o complexo e acolhê-lo, em vez de me identificar com ele, é descontaminá-lo. Agora ele é apenas uma parte de mim; não me governa ou o meu relacionamento. Curiosamente essa intercessão da consciência abre espaço tanto para o complexo quanto para transcendê-lo (Ulanov & Ulanov, 1975, cap. 11). Faz parte do *eu* que trago para a união com o outro, mas que conduzo agora; ele não me conduz. Assim, o estágio de *coniunctio* não significa que cada parceiro é perfeito. Mas agora nos conduzimos um ao outro em vez de sermos jogados um contra o outro por um comportamento compulsivo, e descobrimos que podemos fazer coisas paradoxais. Nosso ego se esforça ao máximo para resolver problemas com nosso parceiro; no entanto, sabemos que o ego não vai consertar as coisas. No espírito do princípio *Wu Wei* do *I Ching*, conhecemos um "quando nada é feito, nada fica por fazer" (Aumüller, 1963, p. 192).

A complexidade, coincidência e conjunção de opostos ocorrem repetidamente em um casamento vigoroso. É o processo pelo qual as pessoas vão se tornando seus si-mesmos mais verdadeiros, respondendo ao que é pescado do inconsciente em cada um separadamente e ao que é desenterrado entre eles. Eles veem tudo isso, resolvem, trabalham com suas próprias projeções e introjeções e com as do outro, aprendendo a se desdobrar em relação aos objetos que assim aparecem mais claramente. Devagar, os egos são expurgados de motivos possessivos e de poder, o que Santo Agostinho chamou de *cupiditas*, um egoísmo desordenado, uma compulsão exagerada de obter, obter, obter; um apetite desenfreado, que enlouqueceu. Paradoxalmente, nosso ego fica cada vez mais identificado, mas também gordo e cheio. Mas quando o nosso ego está vazio a vida pode jorrar por meio dele, com todos os seus sumos.

Esse processo de lidar com os opostos repetidas vezes em vários padrões diferentes forma um casamento muito diferente daquele descrito por Jung – e Bion depois dele –, entre um parceiro que atua como o continente do relacionamento e o outro parceiro que está contido nele (Jung, 1931, *CW* 17, §§ 331-334; Bion, 1970, cap. 7). Winnicott resume o problema dos padrões de continente-contido quando diz:

> *[N]em todos os casais sentem que podem ser ao mesmo tempo criativos e casados*. Um dos dois

> se vê envolvido em um processo que pode terminar com ele ou ela vivendo em um mundo que é realmente criado pelo outro [...]. Todo o problema pode, por exemplo, permanecer escondido por algumas décadas de criação dos filhos e emergir como uma crise de meia-idade (1970, p. 44).

Na imagem *coniunctio* do casamento cada pessoa é ao mesmo tempo continente e contido, tanto para si como para o outro; ora em um, ora no outro; às vezes ambos em ambos. Isso contribui para a fissão, não para a fusão; para o fogo, não para o tédio. No arranjo *coniunctio*, nenhum dos dois pode reprimir o impulso pessoal por causa do compromisso com as demandas da realidade a ponto de perder o acesso à imaginação criativa em seu casamento. Ambos buscam o vivo e o real em si mesmos e um no outro. Isso leva tempo, muita conversa e trabalho. No entanto, produz em cada um a sensação de estar contribuindo para o mundo com um pequeno exemplo de como ser apaixonado e vivo em um relacionamento permanente, fazendo o mundo com imaginação. Eu conheci esses casais e sua contribuição é verdadeira. As pessoas dizem que estar perto deles lhes dá esperança, que lhes mostra um exemplo de amor em ação, uma personificação da intimidade que não restringe mas expande o relacionamento. Em um caso, uma mulher afirmou que, por causa da amizade com um casal assim, ela se atreveu a se casar novamente, após um casamento insatisfatório que havia terminado anos antes. "Eu vi que dava para ser feito", falou. Este é o ponto: o arquétipo da *coniunctio* deve ser *vivido* e vivido no mundo; caso contrário, está "suspenso no ar" (Jung, 1953, *CW* 12, §§ 559). O casamento é uma forma de fazer isso.

No arranjo *coniunctio* o foco está no conteúdo; no tigre, não em sua jaula. O tigre é o que se passa em cada pessoa. Qual é o projeto de vida de cada um? Que notícias cada um traz do país do si-mesmo? O que eles experimentam juntos, empurrando-os e puxando-os para um centro maior? Este é o foco da conversa, o ângulo a partir do qual os problemas dentro deles e entre eles são abordados. Na linguagem de Jung, poderíamos dizer que cada casamento pode ser um meio de individuação (cf. Heisler, 1970; Guggenbühl-Craig, 1977).

Agressividade e reparação

Como, então, vivemos em um casamento que constela o arquétipo da *coniunctio*? O que acontece? Eu tenho três exemplos. O primeiro diz respeito ao que acontece com a agressividade e a necessidade de reparação. A agressividade é usada a serviço do amor para eliminar tudo o que não é amor. Cada pessoa aprende a renunciar à luta suja. Ambos desistem de ir atrás do ponto doloroso no outro que em momentos mais ternos havia sido confidenciado com grande confiança. Cada um aprende a sacrificar a gratificação sádica não porque "a saúde do casamento exige isso" ou para "ser maduro". Eu nunca achei que motivos tão bons significassem muita coisa na hora de uma briga intensa.

As pessoas abandonam o sadismo para melhor se apoderarem de sua tremenda energia, para usá-la com o propósito de avançar para o real e o verdadeiro. Os motivos grandiosos de vencer a luta ou defender-se dão lugar ao que realmente importa: encontrar a questão subjacente. Um parceiro pode dizer: "Não tenho certeza se quero estar neste relacionamento" e o outro pode ouvir isso, segurar a mágoa e trazer sua energia para explorar o sentimento que se move em torno dele. Esse esforço exige resistência. Quer a verdade, mesmo que a verdade em um determinado momento possa ser confusão e medo.

O real e o verdadeiro são o que há de melhor em cada um e o que o si-mesmo coloca no lugar. O melhor eu não significa um eu perfeito, mas apenas que inclui todas as partes, negativas e duvidosas, zangadas e desamparadas, bem como esperançosas e entusiasmadas. Como ver isso? Como discernir a direção certa? Como ver onde alguém pode estar preso em um antigo complexo e onde pode escapar dele? Como saber quando calar e quando persistir? Estas perguntas também consomem muita energia, especialmente se buscarmos nossas respostas em um ritmo de vida e não em obediência a regras. Precisamos de agressividade para focar no verdadeiro valor do outro, para desenterrá-lo, para trabalhar para restaurá-lo e para diferenciar esse esforço de tentar impor-lhe nossa imagem.

Por que devemos nos dar a esse trabalho, ter toda essa dedicação? Simples: porque este outro, tão querido e às vezes tão enlouquecedor, é feito à imagem de Deus. Uma presença transcendente vive nele. Nós cavamos até ele e o escavamos. Como casal, damos apoio radical um ao outro, mas evitamos cair no papel de terapeuta ou pai. Cada um de nós apoia o crescimento interior do outro para se tornar a pessoa que é. Isso inclui a criança interior e todas as partes feridas e subdesenvolvidas enquanto procuramos repará-las. Mas esse ainda não é o foco ou objetivo principal. O objetivo é descobrir que o si-mesmo é engenharia.

Você está ouvindo? Você irá fundo nisso, viver isso, fazer isso, amar isso? O apoio deve ser vigoroso, convocatório, pródigo e direcionado ao centro da existência do outro, à maneira do outro e conectado a toda existência. Traições no casamento geralmente resultam da traição desse centro mais profundo.

Cada parceiro luta para despojar o outro da vida falsa, das pretensões e meias-verdades, das poses e da tristeza. Cada um luta pelo pleno ser do outro, o que inclui a plena contrassexualidade do outro. Afirmamos essa polaridade sexual no outro e lutamos contra a simbiose que ocorre quando cada um descarrega o polo sexual oposto no parceiro (Ulanov, 1971, pp. 259, 296-302). Como, então, cada um de nós pode acomodar a mistura de perceber modos masculinos e femininos de fazer as coisas, perceber o mundo e agir nele, de conhecê-lo em nós mesmos? Alcançando o nível arquetípico de *anima* e *animus*, para ver como o casamento entre eles se abre para a indeterminação do arquétipo e nos conduz para longe da segurança aprisionadora do estereótipo. Não há mérito especial em o marido fazer as chamadas coisas masculinas ou a esposa desempenhar todos os papéis femininos. Tampouco seguimos, com precisão legalista, um contrato de casamento que atribui tanto de cada tipo de tarefa a cada parceiro como garantia de igualdade de afazeres e responsabilidades. Nós dois devemos contar com dois modos de ser humanos em nós mesmos e encontrar maneiras de viver com um parceiro que está lutando para fazer o mesmo. Então a execução de tarefas pode ser decidida com base na aptidão e preferência pessoal. Quando ambos odeiam a mesma tarefa eles fazem a coisa horrível juntos. Por exemplo, um casal lavava a roupa às 10h da noite; ambos odiavam essa obrigação e a adiavam até que finalmente pudessem enfrentá-la juntos.

Uma vez que compreendamos que a agressividade é o meio pelo qual asseguramos a energia do suporte vital, podemos nos aprofundar, saudar um ao outro, testemunhar a conversa do outro com o si-mesmo e lutar pela verdade um do outro. A agressividade é reparada. O objetivo não é mais ver quem ganha ou perde, quem deu o golpe mais forte, quais defesas foram as melhores. Nosso objetivo é usar nossa agressividade para explorar, desenterrar, perseguir, receber, sustentar e apoiar o melhor de cada um. Nossa agressividade funciona para limpar impedimentos, emaranhados e rosnados, golpes interferentes que obstruem, bloqueiam, enterram e nos desviam de nossa preocupação principal, das fontes de nossas forças amorosas.

Isso não significa que não estamos feridos. Claro que estamos; claro que odiamos brigar. Mas começamos agora, separados e juntos, a ver que nossa briga pode levar a algum lugar. Escavamos algumas feridas iniciais e as curamos, juntos. Nós terminamos com alguns problemas irritantes. Abrimos novos canais. Isso traz esperança e um fim ao nosso temeroso desespero de que a agressividade só pode ser destrutiva. Sabemos agora que a agressividade pode tanto servir ao amor quanto destruí-lo.

Brutalidade e criatividade

A brutalidade é algo que a maioria de nós teme como grosseiramente autoindulgente e abusiva. Parece irracional. É muito facilmente confundida com a violência do espancamento do cônjuge. No entanto, a brutalidade, da forma como a emprego aqui, é uma parte boa, forte e positiva de um casamento arranjado de acordo com os padrões do arquétipo da *coniunctio*. A brutalidade, nesse sentido, pertence a uma pessoa com um ego desenvolvido que não é arrastado para o inconsciente e perdido, como seria o caso de um espancador do cônjuge, por exemplo. Pertence a um adulto que conserva muito da agressividade e sexualidade primordiais. Tal pessoa retém a capacidade que vemos nas crianças de ir direto a um objeto em movimentos apoiados pelo instinto. Por exemplo, uma criança que abre um presente e descobre um ursinho de pelúcia envolto no papel de seda não recusa o presente duvidando que seja mesmo um urso: "É sério que é para mim? Não, não: é melhor não aceitar". A criança não raciocina assim, mas vai direto ao assunto; pega o urso, acaricia seu nariz, acaricia seu pelo, ama-o, morde-o, mastiga-o. Achamos que uma criança está sendo seu próprio eu, verdadeiro e saudável quando se comporta dessa maneira. Nós aplaudimos e nos sentimos felizes por isso. Curtimos o prazer de encontrar o urso certo para a criança desdobrar seu eu com tanta volúpia.

Esse amor brutal por um urso é o que Winnicott chama de usar um objeto em vez de simplesmente se relacionar com ele. A criança é movida por seu próprio instinto em direção a um objeto e ao se desdobrar em relação a ele (1968, pp. 233-235; 1971, pp. 89-90; cf. tb. Bollas, 1991, p. 26). Nesse momento a criança não está preocupada em proteger o objeto do ataque instintivo ou com as consequências para o objeto ou mesmo para si própria. Ela não está tentando prejudicar ou destruir o objeto, mas sim usá-lo para gratificação instintiva. Se as consequências acabarem sendo extremas – se, por exemplo, uma mãe que amamenta começa a chorar quando seu filho morde o seio e comunica que foi machucada por esse ataque –, então a criança pode, por amor à mãe, reprimir esses impulsos de se alimentar com tanta voracidade. Por outro lado, uma mãe pode gritar "Ai!" e retirar momentaneamente os dentes agressores, mas ao mesmo tempo transmitir o reconhecimento e até o prazer de que os dentes da criança tenham nascido e que essa alimentação empolgada possa ocorrer porque ela, a mãe, sabe como proteger seu seio. Então um bebê pode se agarrar ao prazer do instinto sem desviar energia para controlá-lo pela repressão ou dissociação, porque a mãe sabe como se defender, não porque a criança a poupou. Essa exibição primitiva é que Winnicott chama de amor misturado com agressividade (1958, p. 22). Eu chamo isso de amor com dentes.

Um casamento modelado segundo uma imagem de *coniunctio* é aquele em que o amor tem dentes, com profundo impacto na imaginação e criatividade de um casal. Ele se conecta com a agressividade de um par entregue a serviço do amor, pois quando permitimos a nós mesmos e a nossos parceiros momentos de interação brutal, não estamos mais preocupados em protegê-los da força total de nosso ser, de quem somos, ou da força total de nossa energia. Não nos reduzimos às proporções que achamos apropriadas para não ameaçar, intimidar, sobrecarregar ou machucar o outro. Somos apenas nós mesmos e confiamos que o outro seja da mesma forma. Como resultado, há intercâmbios alegres e ruidosos, e alguns de profunda quietude, nos quais dois indivíduos – cada um dos quais é realmente outro para o outro – de fato se encontram. Como se fôssemos animais, vemos entrar na clareira da floresta outro animal com as mesmas listras e pelagem (Ulanov, 1986). Conhecemos nosso companheiro.

Esse movimento psíquico muda nossa fantasia e aprofunda nossa criatividade. Quando um de nós se aventura a ser outro para nosso parceiro, em tais momentos de expressão brutal, assumimos riscos. Em um nível inconsciente, destruímos nossa imagem projetada do outro. Deixamos um ao outro cuidar de nós mesmos. Não buscamos o controle através de imagens projetadas de quem queremos que o outro seja, ou tememos, ou precisamos que o outro seja, ou pensamos que o outro precisa que sejamos. Nós deixamos ser. E descobrimos ou revelamos ou saudamos aquele que resta depois que nossas projeções foram destruídas. O outro é mais do que pensávamos, ainda de pé depois de termos desistido de impor nossa vontade. Saudamos o frescor na alteridade. Ainda em nível inconsciente, renunciamos à fantasia onipotente que modelaria a realidade de acordo com nossos desejos e descobrimos o que Winnicott chama de exterioridade real do outro, que vive de uma subjetividade independente (1971, pp. 88-90). Isso pode acontecer quando o outro nos decepciona: ele ou ela não consegue viver de acordo com nossa imagem idealizada, e a imagem é destruída. Assim, liberamos a nós mesmos e ao outro para descobrir quem realmente está ali. Se estamos usando nossa agressividade para alcançar o melhor eu do outro, tudo é ganho, não perda; é uma limpeza para revelar o real. Podemos ter perdido uma fantasia, mas ganhamos uma realidade com a qual podemos interagir e desenvolver nosso próprio eu. A fantasia que esperava tentar controlar o mundo de forma onipotente agora é liberada para perceber o mundo imaginativamente.

Vemos isso claramente na arena sexual. Lá, quanto mais "dentes" nosso amor tiver, mais vigoroso, variado e prazeroso será o encontro sexual. Enquanto se envolvem e atendem às necessidades um do outro, os dois também podem caminhar para uma mistura de consciente e inconsciente que permite a cada um a liberdade de conduzir ao clímax. Isso não é negligência do parceiro, mas união em um nível de brutalidade que aumenta a intensidade erótica (Bollas, 1991, p. 27). Se muito do elemento brutal é removido, o casal pode cair em um mero modo de ajuda um com o outro, uma espécie de abraço e aconchego de João e Maria, que carece de tom sexual, ou uma pessoa pode simplesmente servir à outra, que então se sente culpada por tirar satisfação à custa do parceiro, que por sua vez pode ser tentado a sentimentos de martírio. Em casos extremos, a brutalidade pode ser dissociada e encenada em cenários de perpetradores e cúmplices (cf. Khan, 1979, pp. 22-23).

Quando nos deixamos levar por tudo o que sentimos e nos deparamos com o outro fazendo o mesmo, desenvolve-se uma sensação de imediatismo. Vemos o outro com um frescor surpreendente. Sentimo-nos incríveis diante daquele parceiro familiar de tantos anos: Quem é esse? Quem é esse outro vindo em minha direção? É assim que entendo a mudança da fantasia onipotente para a imaginação criativa. Os planos e preconceitos sobre quem eu sou, quem é o outro e quem somos juntos como casal são momentaneamente apagados em meu espanto diante da alteridade deste que está diante de mim. Como a noção de Heidegger de ser lançado no *dasein*, em ser humano – algo que a qualquer momento pode deixar de existir –, tudo o que conheci e fui é destruído, mesmo que apenas inconscientemente. Este momento agora é tudo que existe, e tudo que existe para viver me confronta agora, neste momento. Tal imediatismo traz um tremendo frescor criativo à vida. Somos chamados à presença para estarmos lá por completo, agora mesmo, pois pode não haver mais nada. Bem aqui e agora, apreende-se, recebe-se, toma-se e cede-se. A vida torna-se excitante e nova. Nunca temos certeza sobre o que exatamente vai acontecer.

Essa destruição na fantasia inconsciente é como a limpeza nas operações alquímicas, em que os elementos são repetidamente submetidos ao fogo, à água, à separação, à calcificação, à lavagem e à purificação. Isso nos renova em meio ao familiar e nos faz valorizar o familiar, em vez de tratá-lo com desprezo. Para que a paixão persista em um relacionamento permanente, o tédio deve ser destruído. Ele é automaticamente purgado quando, em fantasia inconsciente, dissolvemos as projeções sobre nosso relacionamento para descobrir outra vez sua realidade externa. Livres do conhecimento entorpecido, chegamos a cada encontro com uma sensação de descoberta. Novidade, emoção, surpresa entram em nossos dias comuns. Reivindicamos tanto nossas imaginações quanto a realidade real do outro. À novidade soma-se o estado de sermos mais do que antes.

Alegria e o mundo

A novidade e o estado de sermos mais do que antes trazem alegria, mesmo em meio à labuta e ao estresse. Estresse e alegria são simplesmente mais dois opostos que se misturam, coincidem e se unem. As dificuldades de viver juntam-se ao senso de diversão que surge do interesse vivo pelo que o si-mesmo tem trabalhado em nós. O objetivo não é mais linear, procurando chegar a um certo ponto e depois descansar para sempre. A jornada é circular, em termos alquímicos, circundando um centro, de modo que o centro brilhe e irradie sua presença e energia em cada pequena fissura, em cada pequena tristeza e lugar ferido, até que cada parte de nós, individualmente e em conjunto, seja apanhada em sua energia e presença.

Essa sensação de presença e vivacidade cria uma atmosfera de brincadeira séria, como acontece com as crianças. Um casamento modelado em torno do arquétipo *coniunctio* oferece um espaço para brincadeiras com limites firmes e espaço suficiente para brincadeiras reais. As duas pessoas estão realmente envolvidas, não ameaçando com o divórcio o tempo todo ou reduzindo o espaço de exploração citando regras que exigem que elas sempre fiquem juntas. Isso é olhar para a jaula em vez de olhar para o tigre. O tigre está sempre circulando em torno da questão crucial: O que é a engenharia do si-mesmo?

Então a engenharia se torna complexa, pois cada parceiro traz tanto uma parte do ego consciente quanto uma parte contrassexual inconsciente para o outro. Há pelo menos quatro presenças para serem lidadas agora, e elas podem, a qualquer momento, multiplicarem-se em outros relacionamentos: ego para ego, *animus* para anima, ego de uma pessoa para a *anima* ou *animus* da outra e, dentro de cada pessoa, ego para a parte contrassexual. Uma multidão! A conversa flui entre essas partes em cada relação sexual, em cada briga, em cada encontro. Um casal atento a todos esses participantes tem muito mais espaço para se mover em uma briga e muito mais possibilidade de brincar em tempos de calmaria. Por exemplo, uma mulher pode reconhecer aquele grito familiar do tom do *animus* em uma discussão, e pode até tirar um tempo para se colocar em melhor contato com essa outra força em si mesma, a fim de colocar a energia do *animus* atrás, não na frente de seu ego, para que ela possa dizer melhor o que pesa em seu coração. Ou ela pode invocar ativamente essa energia do *animus* para ajudá-la a penetrar pacientemente na neblina que cerca seu companheiro, mantendo sua determinação de alcançá-lo e não se deixar abater por suas lástimas e mau humor.

Nos encontros sexuais, quando a *anima* e o *animus* como elementos inconscientes se misturam com a ternura consciente de duas pessoas que buscam conforto e prazer uma com a outra, seus intercursos abrem espaço para elementos sexuais impessoais, até mesmo um toque da brutalidade discutida anteriormente, para inflamar e ser abrigados por um cuidado pessoal, um pelo outro. Isso impregna a sexualidade de frescor e a abre para um longo alcance que cresce em torno de um centro que combina misteriosamente elementos espirituais e sensuais. A familiaridade com essas misturas de energias sexuais conscientes e inconscientes, pessoais e impessoais, permite muito mais brincadeiras. Os dois passam a conhecer múltiplas trocas de papéis, relacionando ego com ego, *animus* com *anima*, ego com *anima* ou *animus*, e até mesmo transferências, pessoa a pessoa, de egos e partes contrassexuais. Ela pode se tornar a fera e ele a bela; ela, o herói e ele a realeza aprisionada, e com a mesma rapidez ele a terra nutridora e ela o céu relampejante: ele a energia disseminadora e ela a escuridão envolvente. A complexidade das partes opostas é bem-vinda, sua coincidência aplaudida, a conjunção sempre entendida como um evento misterioso, poderoso, alegre.

Viver um casamento em relação ao arquétipo da *coniunctio* também opera mudanças notáveis em nossa experiência de sofrimento. O casamento torna-se um ponto de entrada para todos ou alguns dos sofrimentos e bênçãos do mundo. A penetração mútua nos níveis consciente e inconsciente remonta às gerações de uma família e efetua mudanças em seu legado de complexos. Por exemplo, a contaminação de opiniões inconscientes do *animus* sobre os homens – eles são "assim mesmo", significando que são beberrões, ou vivem vidas não sujeitas a escrutínio, ou se enraivecem com facilidade, qualquer que tenha sido a experiência ancestral acumulada – pode chegar a um ponto-final com essa mulher em seu casamento porque seu homem penetra nesse conjunto de suposições e preenche o espaço deixado em seu rastro com diferentes padrões de vida. Ou, por outro lado, a premissa da *anima* de que as mulheres pertencem adequadamente a papéis secundários pode ser perturbada e então descartada pela vida do ego completo de uma mulher apanhada na excitação de seus próprios projetos, ampliada pelo amor ao parceiro. Não apenas os preconceitos antigos são abalados e tornados mais fluidos na vivência desse casal, mas algo nitidamente diferente vem substituir os estereótipos que os preconceitos herdados espelhavam. As duas pessoas sentem que estão construindo um novo espaço, uma nova realidade compartilhada em que os papéis são mais confortavelmente intercambiáveis porque amar é mais intenso.

Em termos de seu próprio sofrimento pessoal, os dois parceiros podem se surpreender ao saber como suas feridas se aproximam, formando ainda outro padrão de *coniunctio*. Por exemplo, uma mulher atormentada pela ansiedade, que precisava de mais agressividade para se livrar de parte do sentimento de culpa para ver onde as falhas poderiam estar localizadas fora de si mesma, descobriu que sob a tendência de seu companheiro de culpar os outros e sempre afirmar agressivamente sua própria posição havia um homem tão ansioso quanto ela! Ele lidava com a ansiedade com raiva; ela, com dúvidas. Essa percepção limpou muito o terreno quando brigavam entre si, mas também os aproximou como companheiros de sofrimento que podiam aprender algo um com o outro sobre como lidar com as ansiedades que afligiam a ambos.

Em todos estes exemplos o fio condutor é a construção de novos espaços e novas realidades. Em termos alquímicos, este é o lápis-lazúli, a cidade, a mandala, o ouro da vida cotidiana. Orientados para o que o si-mesmo está projetando, as duas pessoas resgatam e promovem o que há de original no outro, desenvolvem a fé na presença única do outro, tanto o apoiando quanto desdobrando sua própria singularidade em relação a ele. Assim se produz o novo; nós não "nos acomodamos nos anos de casados", mas, em vez disso, sentimos que nosso tempo juntos é muito curto! Uma mulher relatou que ficou surpresa ao ouvir sua resposta disparada de dentro dela para um homem perguntando há quanto tempo ela estava casada: "Não tempo o bastante!" E isso depois de vinte anos.

A razão para essa alegre excitação, acredito, é que o objetivo retratado no simbolismo da *coniunctio* é alcançar um núcleo incompreensível e vivê-lo, não "saber sobre isso". Um casal joga com as combinações de opostos que fluem entre eles, cada um na presença das forças gravitacionais do si-mesmo, para montar o ser em torno do centro que ele fornece; e assim construir uma nova estrutura psíquica que possa promulgar novos conteúdos na consciência. Esta *coniunctio* é o que distingue o trabalho criativo, em que descobrimos o novo com uma visão criativa de nós mesmos ou do mundo ao nosso redor. Aqui, o mundo é nosso casamento. O jogo de opostos masculinos e femininos entre nós dois cria um universo para o verdadeiro relacionamento.

Não pode ser um relacionamento à parte do mundo. Deve atrair o mundo e puxar as duas pessoas para ele. Por que isso acontece tem a ver com o centro que vai sendo construído. Esse núcleo de liberdade continua produzindo novas formas de si mesmo que insistem em sair para os outros e puxar os outros para ele. Em termos alquímicos, a conjunção dos opostos produz a pedra lápis-lazúli. Flores brotam ao seu redor (cf. Edinger, 1985, p. 220). O centro misterioso que o lápis-lazúli simboliza tem um efeito contagiante. Dá vida a todos. Multiplica-se em outros. Dá sabor ao ar. Esta é a maior *coniunctio*, que não se rompe, mas rompe os limites de nossa percepção ordinária no tempo e no espaço para a presença do além.

A causa e o efeito da conjunção dos opostos é o amor, um amor no tempo e fora do tempo. Por trás da concretude do casamento de duas pessoas no século XX estavam os antigos símbolos do casamento místico de um rei e uma rainha reais, de Sol e Luna, de Javé e Israel, de Cristo e a Igreja. Estar ciente desta dimensão é participar diretamente do mistério; esta é uma *coniunctio* na vida cotidiana. Como diz Jung:

> Qualquer que seja a interpretação erudita da sentença "Deus é amor", as palavras afirmam o *complexio oppositorum* da divindade.

Ele diz que em sua experiência clínica nunca foi capaz de explicar o mistério do amor:

> Sendo parte, o homem não pode compreender o todo. Está à sua mercê. Pode concordar com isso ou se rebelar; mas é sempre apanhado por ele e encerrado nele. É dependente dele e sustentado por ele. O amor é sua luz e sua escuridão, cujo fim não pode ver. [...] Se possui um grão de sabedoria deporá suas armas e nomeará o desconhecido pelo mais desconhecido, *ignotum per ignotius*; isto é, pelo nome de Deus (Jung, 1963a, *CW* 14, pp. 353-354).

Referências

Aumüller, A. (1963). Personal stimulus of Jung. In M. Fordham (ed.). *Contact with Jung*. J. B. Lippincott.

Bion, W. R. (1970). *Attention and interpretation*. Tavistock.

Bollas, C. (1991). *Forces of Destiny: Psychoanalysis and the Human Idiom*. Free Association Press.

Edinger, E. F. (1985). *Anatomy of the Psyche*. Open Court.

Guggenbühl-Craig, A. (1977). *Marriage: Dead or Alive* (Trad. de M. Stein). Spring.

Heisler, V. (1970). Individuation through marriage. *Psychological Perspectives, 1*.

Jung, C. G. (1927). Woman in Europe. In *CW* 10. Pantheon, 1964.

Jung, C. G. (1931). Marriage as a Psychological Relationship. *CW* 17. Pantheon, 1954.

Jung, C. G. (1953). *Psychology and Alchemy*. *CW* 12. Pantheon.

Jung, C. G. (1959). *Aion*. *CW* 9 (ii). Pantheon.

Jung, C. G. (1963a). *Mysterium Coniunctionis*. *CW* 14. Pantheon.

Jung, C. G. (1963b). *Memories, Dreams, Reflections*. Pantheon.

Kast, V. (1986). *The Nature of Loving* (Trad. de B. Matthews). Chiron.

Khan, R., & Masud, M. (1979). *Alienation in Perversions*. International Universities Press.

Ulanov, A. B. (1994). Self-service. In L. Ross, & M. Roy, M. (eds.). *Cast the First Stone*. Chiron.

Ulanov, A. B. (1986). For better and for worse. *Psychoanalytic Review, 73* (4).

Ulanov, A. B. (1971). *The Feminine in Jungian Psychology and in Christian Theology*. Northwestern University Press.

Ulanov, A., & Ulanov, B. (1994). *Transforming Sexuality: The Archetypal Worlds of Anima and Animus*. Shambhala.

Ulanov, A., & Ulanov, B. (1975). *Religion and the Unconscious*. Westminster.

Von Franz, M.-L. (1980). *Alchemy: An Introduction to the Symbolism and the Psychology*. Inner City.

Winnicott, D. W. (1971). *Playing and Reality*. Basic Books.

Winnicott, D. W. (1970). Living creatively. In C. Winnicott, R. Shepherd, & M. Davis (eds.). *Home Is Where We Start From*. Norton, 1986.

Winnicott, D. W. (1968). The Use of the word "Use". In C. Winnicott, R. Shepherd, & M. Davis (eds.), *Psychoanalytic Explorations*. Karnac, 1989.

Winnicott, D. W. (1958). Psycho-analysis and the sense of guilt. *The Maturational Processes and the Facilitating Environment*. International Universities Press.

Terapia Familiar Arquetípica

Desenvolvendo uma abordagem junguiana para a terapia familiar*

*Renos Papadopoulos***

Introdução

A teoria e a prática da psicologia analítica foram em grande parte derivadas e aplicadas ao contexto da psicoterapia individual. Embora tenham ocorrido vários desen-

---

* Este capítulo é uma versão substancialmente revisada do artigo "Towards a Jungian Approach to Family Therapy", escrito por Renos Papadopoulos e Graham Saayman e publicado no *Harvest: Journal for Jungian Studies*, *35*, pp. 95-120, 1989.

** Analista junguiano por formação e terapeuta familiar, ministra palestras por toda a Inglaterra e no exterior; editor do *Harvest: Journal for Jungian Studies* e de *Newsletter of the International Journal for Analytical Psychology*. Também é psicólogo clínico-consultor na Tavistock Clinic, Londres; professor de Psicologia Analítica no Centre for Psychoanalytic Studies da University of Essex. Seu último trabalho é uma coleção de ensaios editada em quatro volumes, intitulada *C. G. Jung: Critical Assessments*. Dr. Papadopoulos trabalhou com vítimas de Chernobyl, Soweto, Eslovênia e com ex-prisioneiros dos campos bósnios evacuados para o Reino Unido pela Cruz Vermelha.

volvimentos na psicologia junguiana (e. g., Papadopoulos, 1992; Samuels, 1985), é curioso que as estruturas teóricas centrais do inconsciente coletivo e dos arquétipos pareçam ter continuado a ser usadas quase exclusivamente dentro do contexto intrapsíquico (individual). No entanto, esses conceitos se referem essencialmente a estruturas de organização que são compartilhadas coletivamente. Neste capítulo se tentará demonstrar como esses conceitos são princípios estruturantes sistêmicos fundamentalmente interacionais e como podem ser aplicados ao trabalho terapêutico com famílias. Também se argumentará que o paradigma junguiano sempre teve a sensibilidade de abordar de forma significativa tanto o âmbito intrapsíquico quanto o coletivo (assim como sua inter-relação) e pode, portanto, ser aplicado adequadamente a contextos coletivos, transpessoais, como o sistema familiar. Outros contextos também podem incluir grupos, comunidades, organizações e instituições maiores na socioecologia mais ampla.

De início, observa-se um paradoxo: há muitas evidências de que Jung, por um lado, estava ciente do *status* e das possibilidades de suas teorias, e, por outro, não incentivava sua aplicação a contextos coletivos. De fato, essas ideias não são meramente latentes em seus escritos: há uma infinidade de evidências que atestam neste sentido.

Em sua autobiografia, Jung (1963) mencionou vários exemplos de quando, em sua juventude, tomou conhecimento de material intrapsíquico sendo *compartilhado* por diferentes indivíduos. Tais exemplos eram ligados principalmente à sua observação de que sua mãe, como ele, também tinha sua personalidade n. 2; ou seja, a personalidade dentro de si que era capaz de compreender a conexão com a natureza em uma dimensão atemporal. Quando Jung ingressou na psiquiatria, suas pesquisas sobre complexos o levaram a pelo menos duas importantes descobertas a esse respeito: a primeira foi quando ele encontrou uma semelhança impressionante nas respostas ao Teste de Associação de Palavras por pares dentro da mesma família (1909), e a segunda foi quando investigou como o complexo de uma menina "detonou [...] complexos adormecidos em seus companheiros", levando ao que poderiam ser chamados de complexos compartilhados (1910, *CW* 4, § 126).

O primeiro exemplo é mais interessante porque Jung, tendo feito uma descoberta surpreendente, não conseguiu explicá-la: depois que sua colaboradora, Dra. Emma Fürst, aplicou o Teste de Associação de Palavras a todos os membros de 24 famílias, suas respostas foram analisadas na forma usual e de acordo com vários critérios de estruturação cognitiva. Os resultados mostraram que as diferenças entre os padrões de resposta dos membros individuais ocorreram de forma regular e previsível. Jung chamou esse fenômeno de "disposição familiar". Além disso, ele descobriu que, estatisticamente, havia semelhanças notáveis entre os padrões de respostas entre certos subgrupos dentro das famílias. Mais especificamente, os resultados mostraram que as respostas das crianças eram mais semelhantes às de suas mães do que às de seus pais, e que as associações das mães eram mais semelhantes às de suas filhas do que às de seus filhos. A importância destes resultados é ainda maior se considerarmos que não se tratou de simples repetição de palavras semelhantes por diferentes membros da família, devido aos hábitos ou cultura familiar de cada família. Como disse Jung, "a filha compartilha o modo de pensar da mãe, não apenas em suas ideias, mas também em sua forma de expressão" (1909, *CW* 2, § 1.005). Ao descobrir a "disposição familiar", bem como padrões semelhantes de estruturação lógico-linguística dentro de pares em famílias, Jung, de fato, descobriu a interconexão intrapsíquica dentro das famílias, bem como os vários subgrupos ou subsistemas, antecipando assim a terapia familiar moderna. No entanto, com as limitações de sua teoria na época, Jung foi incapaz de oferecer qualquer explicação plausível para esses fenômenos. Em vez disso, ele se esforçou para encaixá-los no contexto de uma linguagem psicanalítica e os atribuiu à "influência determinante" do "ambiente emocional constelado durante a infância" (Jung, 1909, *CW* 2, § 1.009). Jung não prosseguiu com essa pesquisa e não voltou a trabalhar com famílias. No entanto, pode-se argumentar que os fenômenos que ele encontrou nessa fase de sua vida nunca o deixaram; em vez disso, deram-lhe a tarefa de encontrar maneiras mais adequadas de compreendê-los. Seu desenvolvimento posterior seguiu essa mesma direção e permitiu-lhe formular uma perspectiva dentro da qual os reinos intrapsíquico e coletivo se inter-relacionam significativamente. Seguem alguns exemplos dessa perspectiva.

No fim dos anos de 1920, Jung antecipou a preocupação moderna com os efeitos dos papéis socialmente prescritos sobre a psicologia da mulher (1927). No início dos anos de 1930, ele abordou questões fundamentais sobre o casamento e delineou um modelo sugerindo que os determinantes iniciais (arquetípicos) podem desempenhar um papel poderoso na escolha do parceiro conjugal e nas interações e conflitos conjugais regressivos (Jung, 1931, *CW* 17). No rescaldo da Segunda Guerra Mundial, ele estendeu a metodologia da psicologia arquetípica para abordar fenômenos sociais e políticos e escreveu uma série de comentários sobre a base arquetípica da sombra coletiva que tomou a Alemanha e devastou comunidades e nações inteiras (e. g., Jung, 1945, *CW* 10; 1946a, *CW* 10).

Embora o próprio Jung não tenha aplicado sua teoria explicitamente a intervenções terapêuticas com famílias, pode-se argumentar que essa omissão foi circunstancial e não necessariamente decorreu de suas premissas teóricas. No entanto, essa atitude não o impediu de reconhecer o valor de tais aplicações. Como Mindell observou,

> Jung apontou que muitas vezes era útil trabalhar com os pais de uma criança perturbada em vez de lidar com a criança [...]. Ele frequentemente trabalhava nos problemas das crianças buscando o crescimento dos adultos ao redor (1987, pp. 13-14).

Voltando ao paradoxo central identificado, parece que vários fatores contribuíram para a relutância de Jung em levar suas teorias à conclusão lógica e aplicá-las a sistemas mais amplos. Embora se diga que ele pessoalmente não era a favor de trabalhar em um contexto de grupo (Rychlak, 1981), havia também as considerações "políticas" em torno do desenvolvimento inicial do movimento psicanalítico, bem como o clima ideológico e social do início do século XX; tudo isso superenfatizou a santidade do indivíduo e rejeitou os "movimentos coletivos" (cf. Strubel, 1980). Em outras palavras, uma forma de lidar com esse paradoxo é sugerir que Jung possivelmente negligenciou tais aplicações clínicas diretas porque ele queria evitar dar a impressão de que aprovava as aplicações da "psicologia de massa".

Portanto, parece que ele jogou fora o bebê com a água do banho: ao rejeitar a massa e o coletivo amorfo e destrutivo, Jung também negligenciou o coletivo significativo e relacional; ou seja, a comunidade, a comunhão. Outro fator, é claro, é que o campo da terapia familiar só se desenvolveu e se consolidou nas últimas décadas, e Jung não tinha o corpo de conhecimento e experiência clínica para apoiar seus esforços nessa direção.

No entanto, a essência da teoria junguiana, com sua ênfase específica nas estruturas arquetípicas que orquestram as realidades e os comportamentos psicológicos individuais e coletivos, é claramente expansível para abranger uma teoria psicodinâmica da família e, consequentemente, a aplicação terapêutica ao campo da terapia de família. Além disso, outros que trabalham dentro do paradigma junguiano aplicaram *insights* derivados da psicologia arquetípica a vários tipos de fenômenos coletivos como, por exemplo, à política (cf. Bernstein, 1992; Faber, 1990; Odajnyk, 1976; Samuels, 1993), à psicologia social (cf. Progoff, 1969), à compreensão dos eventos catastróficos coletivos (cf. Papadopoulos, 1994), à comunidade terapêutica (cf. Stevens, 1986), à instituição do casamento nas culturas ocidentais (cf. Guggenbühl-Craig, 1981), ao desenvolvimento de um modelo de aconselhamento conjugal (cf. Young-Eisendrath, 1984) e às abordagens interacionais em grupo (cf. Boyd, 1991; Mindell, 1987; Zinkin, 1994).

Ao traçar as origens da Terapia Familiar Arquetípica (TFA), três abordagens inter-relacionadas, mas relativamente distintas, parecem relevantes. Elas são descritas a seguir, a fim de definir o pano de fundo a partir do qual essas ideias e práticas surgiram. Todas as três representam instâncias de extensão do paradigma junguiano para aplicação a contextos coletivos e, ao mesmo tempo, constituem a estrutura metateórica mais ampla da TFA.

Considerações teóricas fundamentais

Em primeiro lugar, os resultados da pesquisa da Dra. Bührmann: analista junguiana da África do Sul, ela investigou os processos terapêuticos de adivinhos indígenas africanos e encontrou uma série de semelhanças impressionantes entre os deles e os da psicologia analítica praticada no mundo ocidental (p. ex., cf. Bührmann, 1981; 1984). Significativamente, no entanto, na cultura xhosa, esses processos são conduzidos no contexto tanto da família quanto da comunidade, e não ocorrem exclusivamente numa base individual. Isso não significa que a dimensão intrapsíquica seja negligenciada; ao contrário, o intrapsíquico é colocado no contexto ecológico de toda a rede de imagens inconscientes operantes na comunidade em geral.

Em segundo lugar, as descobertas de um grupo de pesquisadores da Universidade da Cidade do Cabo (de meados dos anos de 1970 a meados dos anos de 1980) demonstraram a capacidade de os princípios junguianos serem estendidos e aplicados significativamente a uma variedade de contextos transindividuais. Por exemplo, o grupo de pesquisa da Cidade do Cabo aplicou a teoria junguiana à área do casamento e da família, ao uso dos sonhos como índices diagnósticos capazes de diferenciar famílias em bom funcionamento de famílias com manifestações clínicas (Kaplan et al., 1981), à compreensão do papel positivo da androginia em famílias de dupla carreira (Cunningham & Saayman, 1984) e ao processo de divórcio (Saayman et al., 1988); além disso, no campo da psicoterapia, à análise de sonhos em um ambiente de grupo (Shuttleworth-Jordan et al., 1988). O ponto central de seu trabalho foi uma descoberta anterior de que o conteúdo arquetípico dos sonhos noturnos era positivamente influenciado pela fantasia induzida em vigília (Faber et al., 1983); isso significa que as imagens arquetípicas individuais pertencem a redes mais amplas e não são produtos exclusivamente individuais.

Em terceiro lugar, no que diz respeito às aplicações diretas à terapia familiar, enquanto o grupo da Cidade do Cabo tentou integrar a abordagem junguiana com a Terapia Familiar Sistêmica Centrada no Problema (Epstein & Bishop, 1981), Papadopoulos (que já havia se mudado para Londres), sentiu-se mais próximo de outras escolas sistêmicas, especialmente a abordagem Sistêmica de Milão (Palazzoli et al., 1978). Seu trabalho foi baseado em suas investigações teóricas anteriores sobre o conceito do *Outro* e sua posição central no próprio desenvolvimento pessoal, teórico e clínico de Jung (Papadopoulos, 1980; 1984). Na medida em que a psicologia do Outro de Jung forma a base teórica da TFA, indica-se um breve exame dela.

Ao investigar a abordagem de Jung à natureza da psique, Papadopoulos se concentrou na dinâmica da dissociabilidade da psique e, inevitavelmente, em sua inter-relação dialética com o Outro. Sua análise revelou que Jung passou de um conceito individual, intrapsíquico do Outro para uma apreciação de seu significado coletivo mais amplo, estendendo-se até mesmo à sua relação com a estrutura da linguagem. Isso representou uma releitura do desenvolvimento da psicologia analítica, segundo a qual a introdução de Jung de conceitos-chave – como o complexo, o símbolo, o arquétipo e o si-mesmo em particular – foram essencialmente entendidos como reformulações progressivas da preocupação de Jung com o problema do Outro. Isso envolveu o exame de questões relativas à composição da *psique individual* e sua inter-relação essencial com o Outro. No curso do desenvolvimento pessoal e teórico de Jung houve uma mudança correspondente em sua definição do Outro; assim – observou Papadopoulos – o conceito de Jung de Outro mudou progressivamente de uma presença grosseira, física, do Outro, como uma pedra, uma fogueira e um boneco esculpido na régua escolar (cf. Jung, 1963), para formas mais sofisticadas, como aspectos internos do funcionamento psicológico – por exemplo, complexos – que então gradualmente abrangeram mais estruturas coletivas – por exemplo, símbolos e arquétipos.

A análise de Papadopoulos demonstrou que o movimento na própria formulação teórica de Jung do Outro (do primeiro Outro como o complexo "dentro" de um indivíduo, para as formulações posteriores do Outro como arquétipo) implicou uma progressão em termos de crescente apreciação de uma dinâmica interação e dialética entre o intrapsíquico e o que pode ser considerado "coletivo", que inclui inevitavelmente os domínios das ordens mitológicas, linguísticas, culturais e sociais. Assim, o exame do conceito de Outro levou a uma apreciação da engenhosa ideia de Jung de relacionar o trabalho psicológico do indivíduo com os *princípios de estruturação coletiva*. Isso implica que uma abordagem adequada da individualidade de uma pessoa só pode avançar por meio de uma profunda compreensão de sua interação com as estruturas coletivas nas quais ela está inserida. Assim, a própria identidade do indivíduo é forjada na dialética entre as várias formas de Outros transindividuais (e. g., outras pessoas, bem como princípios estruturantes predisponentes culturais e cognitivos), além dos dados "dentro" de cada pessoa.

É importante notar que Papadopoulos (1980) também examinou a relação entre o conceito de inconsciente coletivo de Jung e a linguagem. Esse exame foi feito no contexto da apreciação da linguagem como talvez o Outro extremo, o princípio estruturante coletivo *par excellence*. Sua investigação incluiu uma discussão sobre as semelhanças entre as posições de Jung e Lacan sobre a relação entre linguagem e inconsciente. Tanto Jung quanto Lacan (1968; 1977a; 1977b) dão à linguagem uma posição de destaque em suas teorias. Mais especificamente, a máxima de Jung de que o inconsciente coletivo é "a matriz da imaginação mitopoética" presta-se a uma compreensão da linguagem, com suas estruturas temáticas e imagéticas, como um corpo estruturante inerente de temas típicos; ou seja, imagens arquetípicas. A máxima de Lacan de que "o inconsciente é estruturado como a linguagem" não deve, portanto, ser estranha à noção junguiana de inconsciente, especialmente quando manifestada em constelações arquetípicas estruturadas. Tanto as posições junguianas quanto as lacanianas sobre o inconsciente se referem a uma estrutura e ordem essenciais e diferem, portanto, da posição freudiana, que tende a considerar o inconsciente como uma massa amorfa de material reprimido. Na medida em que Jung compreendeu os arquétipos como a fonte de nossa conexão psicológica, também podemos aceitar que a rede de imagens arquetípicas forma o que poderia ser denominado Estruturas Coletivas de Significado (ECS). Esse significado, é claro, não é dado, mas é imanente e potencial.

Outra razão pela qual a linguagem é relevante para este assunto é o lugar que ela ocupa na teoria e na prática da terapia familiar sistêmica ao longo de sua breve história. Nos primórdios da terapia familiar, quando havia mais ênfase na teoria da comunicação (e. g., Watzslawick et al., 1967), a divisão entre linguagem analógica e digital era central na compreensão das diferentes mensagens transmitidas pelos membros da família e como elas estavam formando uma estrutura coletiva subjacente à percepção dos próprios indivíduos. Então, a observação de Shands da "tirania do condicionamento linguístico" (Shands, 1971) ajudou o grupo de terapeutas familiares de Milão a desenvolver sua própria teoria explícita sobre a linearidade da linguagem, que essencialmente tende a impor uma percepção causal e determinista da realidade. Os terapeutas de Milão contrariaram a tendência da determinação linguística ao elaborar conscientemente declarações e intervenções terapêuticas não lineares; ou seja, sistêmicas ou circulares (cf. Palazzoli et al., 1980). Um pequeno detalhe que requer a devida atenção (e que, no entanto, está fora do escopo deste capítulo) é o fato de Paul Watzslawick ter sido formado inicialmente como analista junguiano (ele se formou no Instituto C. G. Jung em Zurique) e nos primeiros dias foi convidado pelo grupo de terapeutas familiares de Milão para auxiliá-los no desenvolvimento de sua abordagem. Voltando ao tema, parece que o papel da linguagem é crucial porque talvez crie a categoria mais importante das *Estruturas Coletivas de Significado*. Como Keeny caracteristicamente escreveu: "A linguagem é uma faca epistemológica. Ela corta o mundo em pedaços, fornece nomes, nomes de nomes e nomes de nomes de nomes" (1983, p. 110). Isso deve ser comparado com a própria afirmação de Jung de que "é difícil despojar a linguagem conceitual de sua coloração causal" (1952, *CW* 8, § 965).

Para resumir, a linguagem não apenas nos ajuda a apreciar a presença e a textura do tecido coletivo que une os indivíduos, mas também forma uma Estrutura Coletiva de Significado particular, que tem uma poderosa influência em todas as facetas de nossas percepções do mundo, de nós mesmos e de nossas próprias experiências.

Estrutura metateórica

A implementação de uma abordagem junguiana da terapia familiar não deve necessariamente implicar uma transposição mecânica dos processos de psicoterapia individual para o contexto interpessoal, sistêmico da família; embora seja sensato fazer uso de tais processos, é importante estar ciente de suas limitações. Além disso, é imperativo o esforço para desenvolver novos *insights* e processos mais apropriados para trabalhar dentro de sistemas familiares, que, no entanto, devem permanecer firmemente fundamentados no paradigma junguiano. Por exemplo, uma abordagem arquetípica da terapia familiar, semelhante ao trabalho analítico com indivíduos, evoca processos de confronto e integração da sombra – por exemplo, imagens do "trapaceiro", do "salvador", e assim por diante. No entanto, a Terapia Familiar Arquetípica se concentra mais nas dimensões interativas de tais motivos, que têm um significado coletivo mais amplo. Isto quer dizer que é necessário não apenas observar o arquétipo do trapaceiro controlando um indivíduo, mas também examinar o impacto que ele tem em todos os outros membros da família. Além disso, é útil explorar com a família por que, nesse momento específico, esse indivíduo em particular encarna o trapaceiro; em outras palavras, qual é a função e o propósito do aparecimento do arquétipo do trapaceiro para toda a família nesse momento específico. Outra consideração importante é a diferenciação entre o desenvolvimento do indivíduo no contexto (e não em oposição) ao desenvolvimento da família. Por exemplo, processos como a "diferenciação do ego" e a "emergência do si-mesmo" se referem a fenômenos intrapsíquicos de um indivíduo e precisam ser complementados com processos interacionais que, no entanto, não excluem a dimensão intrapsíquica. Portanto, pode-se começar a observar a diferenciação do *ego familiar* e do *si-mesmo familiar*, por assim dizer.

Agora pode ser possível começar a articular essa metateoria junguiana da dinâmica familiar. Crucial para isso seria uma análise sistemática do significado da hipótese arquetípica. Arquétipos não são entidades isoladas, mas formam estruturas inter-relacionadas. A prática clínica e a teoria mostram que os arquétipos são bipolares por natureza e também se relacionam entre si. Por exemplo, a *anima* positiva e a negativa se relacionam com o *animus* positivo e negativo no contexto de relacionamentos íntimos. Além disso, essas imagens também existem "fora" dos indivíduos e, assim, formam o que se poderia chamar de rede sistêmica. Outro aspecto importante do paradigma junguiano é sua abordagem dialética da psicoterapia (cf. Rychlak, 1984), em que vários princípios arquetípicos são vistos para orquestrar percepções e comportamentos entre outros relevantes (marido/esposa, mãe/pai, pai/filho, irmão/irmã, e assim por diante), tanto no nível intrapsíquico (*subjetivo*) quanto no nível interpessoal (*objetivo*). A noção de arquétipo postula uma interação dinâmica entre, por um lado, princípios estruturantes coletivos (padrões *coletivos* de comportamento e suas imagens arquetípicas reciprocamente relacionadas) e, por outro lado, processos intrapsíquicos localizados dentro do indivíduo em contextos sociais pessoais, familiares, grupais e interpessoais; ou seja, nas várias dimensões de um mundo psicossocial *individual*.

A contribuição única de Jung é sua apreciação dos princípios de estruturação coletiva na formação de um mundo psicológico individual; porém, mais importante, isso não é considerado em termos de uma relação linear determinista, causal, mecanicista, que existe fora de um contexto interacional e sistêmico. Em vez disso, os conceitos básicos são compatíveis com a linguagem da moderna teoria dos sistemas (cf. Vetere, 1987). Por exemplo, Jung comparou o arquétipo ao

> sistema axial de um cristal que, por assim dizer, preconfigura sua estrutura cristalina na solução saturada, embora não tenha existência material própria. [...] As representações em si não são herdadas, apenas as formas, e nesse aspecto elas correspondem em todos os sentidos aos instintos, que também são determinados apenas na forma. A existência dos instintos não pode ser provada mais do que a existência dos arquétipos, enquanto eles não se manifestam concretamente (1954a, *CW* 9, § 155).

Em essência, a teoria de Jung postula que o ciclo da vida é orquestrado por estruturas arquetípicas que se manifestam como potencialidades em certos períodos críticos de desenvolvimento biopsicossocial. As estruturas arquetípicas, embora sem conteúdo individual herdado, são atualizadas e moduladas pelas circunstâncias particulares da experiência de vida do indivíduo em um contexto social que Stevens (1982) descreveu como "específico da espécie". Isso está de acordo com o entendimento moderno de que o ciclo da vida humano, juntamente com todos os outros processos orgânicos e inorgânicos, está sujeito à modulação por sistemas ecológicos mais amplos. Aplicando esses conceitos ao sistema familiar humano, notou-se que

> o conceito de Jung de um nível transpessoal da experiência humana sugere que os processos inconscientes dinâmicos são caracterizados por uma semelhança entre os indivíduos, e é precisamente nesse sentido que entendemos o termo "coletivo", em contraste com a interpretação intrapessoal geralmente associada ao modelo intrapsíquico. A teoria das relações arquetípicas, simplificando, afirma que o desenvolvimento humano, visto tanto da perspectiva filogenética quanto da ontogenética, representa um processo de adaptações mútuas entre os sexos, bem como entre pais e filhos. Imagens arquetípicas inerentes do pai e da mãe na criança, e da criança nos pais, misturam-se e se fundem em um nível inconsciente nas interações familiares. O arquétipo está, portanto, embutido em um nexo de padrões de relacionamento mutuamente adaptados e deve ser entendido dentro do contexto da socioecologia única do indivíduo. Na teoria junguiana, portanto, o funcionamento intrapsíquico deve ser visto dentro da estrutura dos sistemas sociais humanos (Kaplan et al., 1981, p. 228).

Portanto, a presente abordagem da terapia familiar é informada pela compreensão teórica de que as inter-relações dinâmicas, sistêmicas e dialéticas entre o indivíduo e o coletivo (a família) são mediadas por imagens arquetípicas. Por exemplo, o indivíduo é obrigado a experimentar o arquétipo do pai, que *necessita* de uma experiência pessoal do pai para desenvolver uma forma personalizada e integrada ou "individuada" dessa estrutura coletiva. De fato, Jung alerta sobre os perigos e vários graus de potencial patológico nos casos em que este processo não se realiza de forma apropriada. Segue-se, portanto, que o arquétipo é o ímpeto e o pano de fundo potencial que deve ser personalizado e integrado. A falha em realizar isso adequadamente tem o resultado de que, no contexto da família, os membros agem de maneira puramente coletiva e são conduzidos, manipulados e coagidos como marionetes em um cenário arquetípico para desempenharem papéis coletivos, predeterminados, adotando posições arquetípicas polarizadas, muitas vezes conflitantes e conflituosas, como a "mãe má", o "pai dominador", a "eterna criança", e assim por diante.

O arquétipo, portanto, como emergiu dessa discussão, é essencialmente um conceito *relacional* e *interacional*; de fato, enquanto a apresentação predominante do arquétipo por Jung (e seu uso extensivo a partir de então) enfatizava-o como uma noção quase exclusivamente confinada ao indivíduo, o arquétipo, lógica e teoricamente, por sua própria *natureza*, não pode deixar de ser um conceito relacional. Jung, como foi observado anteriormente, também empregou o conceito no contexto de relacionar o individual com o coletivo. No entanto, não só o próprio Jung, mas também os pós-junguianos, parecem ter negligenciado lidar com a ideia de "coletivo" em sua forma mais direta, primária e imediata; ou seja, na experiência óbvia do coletivo pelo indivíduo, *a família*. Assim, as constelações arquetípicas no indivíduo não podem ser apropriadamente compreendidas fora do contexto da rede imediata da dinâmica familiar. Por exemplo, o arquétipo da "mãe devoradora" pressupõe que a mãe tenha alguém para devorar; além disso, os demais membros da família devem responder a essa "devoradora" de alguma forma, seja aprovando-a ou desaprovando-a. Em outras palavras, esse fenômeno não acontece no vácuo, mas no contexto de outros que são diretamente afetados e moldados pela possessão arquetípica de um indivíduo. Além disso, a própria ocorrência dessa possessão arquetípica não é um evento individual, sem relação com os outros membros. Possui um significado, um propósito e uma função para toda a família. Isso quer dizer que, na medida em que o impacto de um arquétipo está na família como unidade, é difícil até conceitualizar que a possessão arquetípica é de um indivíduo. O arcabouço apropriado para compreender tais fenômenos seria, portanto, a *rede de imagens arquetípicas*; de acordo com isso, as imagens arquetípicas interagem entre si e com os membros da família, uma vez que eles os encarnem. Desse modo, pode-se dizer que a família, *como unidade*, manifesta-se e funciona por meio de um destino específico, arquetipicamente orquestrado; tanto que o próprio Jung escreveu que muitas vezes são necessárias gerações de uma família para decifrar um certo destino arquetípico (Jung, 1909, *CW* 2).

Outra implicação teórica dessa formulação é que a família, como *sistema*, interage com o mundo de tal forma que certas funções ou papéis individuais são atribuídos de maneira não reflexiva ou "inconsciente" a determinados indivíduos. Por exemplo, quando as funções familiares nutritivas e afetivas geralmente associadas ao princípio feminino arquetípico (e, consequentemente, propensas a cair em estereótipos de papéis sexuais) são atribuídas a uma esposa sobrecarregada de maneira unilateral, consistentemente e sem a devida reflexão e acordo contratual negociado, o resultado é muitas vezes uma ruptura conjugal (Saayman et al., 1988). Assim, para manter uma unidade familiar global e homeostática, um indivíduo pode ser designado e destinado a desempenhar papéis que podem ser prejudiciais a ele como indivíduo, mas tais papéis têm a função de compensar outras funções, tendências, ou dimensões arquetípicas na família. Isso leva a uma compreensão de que um objetivo central da terapia familiar, dentro de uma estrutura junguiana, é o afastamento de uma equação familiar homeostática global em que o equilíbrio é mantido à custa da patologia individual e da unilateralidade individual; em vez disso, a família é estimulada a digerir, em certa medida, a constante mudança de imagens arquetípicas que interagem com ela. Dessa forma, os familiares encontram uma resposta pessoal e uma posição individualizada em relação à particular constelação de rede de imagens arquetípicas que está ativa no momento, podendo evitar serem atores com papéis arquetipicamente atribuídos. Isso leva a uma forma mais significativa de inter-relação que permite o crescimento recíproco.

O aspecto final dessa estrutura é a teoria da compensação de Jung. Este é um princípio útil, se não levado a formas extremas, especialmente porque tem fortes conotações sistêmicas. A teoria da compensação de Jung aplicada ao significado teleológico dos sonhos (Mattoon, 1978), bem como às funções dos sintomas de distúrbios neuróticos e psicóticos, de fato antecipou a compreensão interacional moderna da função sistêmica do(s) *problema(s) apresentado(s)*. O sintoma apresentado muitas vezes é um meio de manter um sistema familiar homeostaticamente fechado, bem como uma oportunidade de abrir o sistema e afastar-se do sintoma. Assim, a compreensão de Jung das funções prospectivas (intencionais) dos sonhos e sintomas, juntamente com a teoria central da rede de imagens arquetípicas, forma um edifício teórico potencialmente abrangente que une uma abordagem psicodinâmica do indivíduo com uma abordagem sistêmica do funcionamento familiar. O valor heurístico e aplicado de uma teoria tão extensa da psicologia analítica, portanto, é que ela pode contornar os perigos inerentes à "mistura de modelos" por meio de uma combinação indisciplinada e *ad hoc* de abordagens *ecléticas* (Epstein & Bishop, 1981), uma vez que possibilitaria o uso de uma linguagem terapêutica (metateoria) para abranger tanto os fenômenos intrapsíquicos quanto os interpessoais, bem como a interface entre eles. Esse tipo de metateoria pode, portanto, ser capaz de informar intervenções terapêuticas não apenas com indivíduos em um cenário analítico individual, mas também com indivíduos e outras combinações de subsistemas dentro de redes familiares.

Processos-chave

Embora seja inapropriado sugerir que essa abordagem, semelhante a qualquer outra intervenção terapêutica significativa, possa ser reduzida a técnicas e etapas simples, pode ser útil, no entanto, tentar articular alguns processos-chave que ocorrem nessa abordagem da Terapia Familiar Arquetípica com o objetivo de fortalecer a dimensão clínica e facilitar uma melhor compreensão. Esses processos são inter-relacionados e não exclusivos entre si, não seguindo necessariamente a mesma ordem sequencial. Finalmente, na medida em que representam a destilação da experiência clínica do trabalho com famílias, são descritivos e não devem ser tomados como dogmáticos e prescritivos. No entanto, espera-se que possam servir como diretrizes úteis para serem usadas de forma criativa.

Movimento de mentes individuais para redes arquetípicas

O primeiro processo diz respeito à avaliação do(s) problema(s) apresentado(s) pela família. No entanto, essa avaliação não é do tipo linear, causal, geralmente associada ao termo *avaliação*. Mais concretamente, ao explorar as razões pelas quais uma família procura assistência, a ênfase está na elucidação da rede contextual dessas razões, e não nas suas definições estáticas. Isso significa que o terapeuta está interessado no efeito e no impacto que essas *razões* têm sobre as várias *dramatis personae*, bem como em seu significado mais amplo, que situa aquela família específica dentro de um *impasse* arquetípico específico.

Para começar, as famílias costumam chegar aos cuidados dos profissionais em resultado de um problema distinto, geralmente percebido como localizado em um indivíduo. Por meio de uma série de sucessivas reformulações profissionais, elas podem ser encaminhadas a um terapeuta familiar. Mesmo nessa fase, as famílias normalmente continuam a identificar um indivíduo como "*a causa* do problema". Ao mesmo tempo, as próprias redes de referência (com implicações e expectativas de tratamento correspondentes no âmbito das *profissões assistenciais*) podem ativar a reedição de uma série de redemoinhos arquetípicos; isso inevitavelmente atribui papéis designados a cada membro da família, bem como ao(s) terapeuta(s). Por exemplo, a pessoa que carrega o sintoma – o *paciente* (ou em termos de terapia familiar: o índice ou pessoa identificada) – pode receber o papel de *bully*, e o terapeuta o de *salvador/libertador*. Isso configura dinâmicas intrapsíquicas e sistêmicas nas quais as projeções e as expectativas coletivas desempenham um papel preponderante. Portanto, é tarefa do terapeuta não apenas antecipar essas dinâmicas desde o início, mas também localizar-se dentro desse contexto.

O foco terapêutico inicial é, portanto, desenvolver uma compreensão de como os problemas particulares se relacionam com toda a rede de inter-relações familiares. Isso significa efetivamente uma análise dos arquétipos que orquestram as interações e transações na família nos níveis intrapsíquico e/ou interpessoal. Isso acontece quando o sintoma se expande em suas dimensões imagéticas. A linguagem é um notável tesouro de imagens; além de sua função como meio de *comunicação* (ao longo de uma dimensão linear baseada em símbolos), a linguagem *evoca*. O poder de evocar é inerente à dimensão imagética da linguagem. Como disse Jung: "A imagem e o significado são idênticos; e à medida que a primeira toma forma, o segundo torna-se claro" (1954b, *CW* 8, § 402). Como talvez o outro extremo e uma das categorias mais importantes das Estruturas Coletivas de Significado, evidentemente, a linguagem nos molda mais do que nós moldamos a linguagem. É imperativo, portanto, conectar-se com essa Estrutura Coletiva de Significado, que foi instrumental em criar em nós as próprias maneiras de perceber o que considerávamos problemático. Assim, o terapeuta auxilia a família na exploração de significados metafóricos e imagens conectados com o problema concreto, e estes estão inter-relacionados para se conectarem com a rede de imagens arquetípicas ativadas naquela determinada família e naquele momento. Por exemplo, o ato físico de *bullying* pode ser examinado em termos das imagens de imposição forçada que cada um dos membros da família experimenta em relação às pressões externas e internas, tanto como vítima quanto como agressor. Dessa forma, é possível desenvolver uma dimensão adicional ao sintoma em que todos os membros da família se encontram significativamente inter-relacionados entre si e com as imagens dominantes.

Esse desenvolvimento pode levar à eliciação gradual de uma nova forma de perceber a realidade; ou seja, de uma nova e diferente epistemologia dentro da unidade familiar. Essa epistemologia emergente seria desprovida dos ingredientes-chave usuais de sistemas fechados e travados; os últimos geralmente incluem a atribuição ou distribuição de culpa e a interpretação causal e linear da fonte das dificuldades, problemas e, finalmente, sintomas familiares. Nesta fase, uma redefinição gradual do problema já pode começar: em vez de entender o problema como sendo de propriedade exclusiva de uma pessoa, ou como consequência das ações de um determinado membro da família, o "problema" é apreciado como uma manifestação da rede arquetípica global atualmente operando dentro da família.

Mais especificamente, o terapeuta pode se concentrar em:

(a) A identificação contextual dos (i) arquétipos autorreferentes de indivíduos, como *persona*, sombra, *anima/animus*, e (ii) arquétipos familiares, como lar, relacionamentos conjugais e parentais. A identificação é feita por meio do delineamento de temas ou imagens específicas que parecem vincular padrões característicos na organização da família. A exploração desses temas prossegue com referência a cada indivíduo, bem como aos subsistemas da família e, em última análise, ao seu significado na família como um todo.

(b) A exploração do sintoma e a identificação da função corretiva e teleológica latente nos problemas apresentados. Este é um aspecto muito importante do processo e baseia-se diretamente na apreciação de Jung do sintoma como tendo uma função corretiva e, portanto, potencialmente curativa. Ao fazer isso, o terapeuta investiga e identifica questões como mitos familiares, crenças, conflitos, padrões e papéis, manifestados em interações características, repetições, sonhos, fantasias, diferentes versões de eventos, e assim por diante. Jung antecipou os terapeutas familiares modernos de orientação sistêmica (e. g., a abordagem de Milão) ao apreciar que o "sintoma" não é de forma alguma apenas um fenômeno desagradável que precisa ser removido ou "curado" mecanicamente. Ele insistiu que o terapeuta deveria examinar o *significado* do sintoma, já que pode sugerir uma solução *in potentia* e indicar uma direção que, se estudada adequadamente, seria extremamente instrutiva para todo o sistema familiar. Isso, é claro, também é semelhante à compreensão de

Jung sobre o significado dos sonhos, que ele via não como manifestações patológicas disfarçadas e enganosas, mas como mensagens úteis do inconsciente, transmitindo assim as sugestões corretivas de alguns aspectos negligenciados e inconscientes da psique/sistema.

Neutralidade

Ao trabalhar de acordo com as diretrizes anteriores, o terapeuta torna-se forçosamente neutro em sua atitude em relação à família. Em outras palavras, a postura de neutralidade não é um epifenômeno: não é uma atitude adotada com base em algum sistema externo, teórico, ideológico ou ético, mas é parte integrante de uma compreensão adequada das redes dinâmicas que operam na família. Por exemplo, o terapeuta não pode tomar o lado de um membro da família contra outro ou favorecer uma "solução" em vez de outra, quando ele reconhece que todos os membros da família são partes de um cenário inconsciente coletivo. "Neutralidade", portanto, não implica nem apatia, nem descaso, nem "distanciamento profissional", nem falta de envolvimento ou compromisso com a família. Mais especificamente, refere-se essencialmente às seguintes questões:

(i) Culpa de e colocada por membros individuais da família

O terapeuta, tanto quanto possível, evita tomar partido na "troca de acusações" da família, não por uma adesão externa a algum código de ética abstrato, mas por uma apreciação adequada da totalidade da rede familiar. Essa apreciação determina um foco meticuloso na função e no significado de cada tentativa individual de culpa.

(ii) "Soluções" iniciais unilaterais, sugeridas de forma aberta ou implícita por membros da família

Estas podem, em última análise, ser entendidas como uma expressão da dominação arquetípica global existente. Em outras palavras, essas "soluções" geralmente tendem a ser reativas e impulsivas, e sua função última é manter a patologia do *status quo*. Assim sendo, essas "soluções" geralmente traem a própria natureza da constelação arquetípica que domina a família no momento. Estas devem ser distinguidas das soluções apropriadas, que são produto de um movimento genuíno de todo o sistema e resultado de uma epistemologia familiar verdadeiramente nova.

(iii) Atitudes em relação ao sintoma

A família geralmente investe grandemente na remoção do(s) sintoma(s), pois estes são geralmente percebidos como "o problema". O terapeuta, entretanto, não pode se dar ao luxo de ser irrefletidamente levado a adotar a perspectiva distorcida que identifica um aspecto isolado do sistema como um sintoma. Em vez disso, precisa criar um clima e um contexto diferente dentro do qual os membros da família possam arriscar a abandonar o desejo poderoso e unidimensional de remover o sintoma a todo custo e, em vez disso, desenvolver uma curiosidade para explorar o significado e a função do sintoma dentro de todo o sistema familiar.

A *neutralidade* tem sido uma das marcas da abordagem da Terapia Familiar Sistêmica de Milão (e. g., Palazzoli et al., 1980). Essa abordagem da neutralidade enfatiza a distância que o terapeuta precisa manter para observar o sistema de maneira mais metódica. Toda a prática da terapia familiar reflete essa preocupação. Originalmente, as diretrizes de Milão sugeriam o uso de dois terapeutas no consultório e uma equipe que assistia à sessão de terapia por trás de um espelho unidirecional. A sessão era dividida em uma discussão pré-sessão, que incluía os dois terapeutas e a equipe. Além disso, durante o curso da sessão de terapia real, havia pausas quando a equipe de observação fornecia informações aos terapeutas e, na conclusão da entrevista, havia outra discussão pós-sessão quando toda a consulta era revisada dentro do contexto do sistema familiar mais os terapeutas. Dessa forma, a abordagem de Milão tentava separar o sistema de terapeutas do sistema familiar e, em seguida, procurava observar sua interação.

Parece que todas as terapias têm que seguir o mesmo caminho no decorrer de seu desenvolvimento. A psicanálise inicialmente tentou manter o terapeuta em uma posição higienizada e longe do mundo do paciente para que a contaminação não ocorresse. Assim, os esforços iniciais de Freud foram para eliminar qualquer contratransferência (e. g., Freud, 1914). Foi Jung quem primeiro apontou que a contratransferência não só não era prejudicial ao processo terapêutico, mas era essencial para fornecer ao profissional as informações corretas sobre a dinâmica terapêutica (1916, *CW* 8). Previsivelmente, a posição original da escola de Milão foi ajustada, e agora há o devido reconhecimento da importância da presença do terapeuta; o foco atual, portanto, está no exame meticuloso de como os dois sistemas estão interconectados, em vez de tentar evitar qualquer conexão entre eles (cf. Cronen & Pearce, 1985).

Os terapeutas, no entanto, não podem permanecer emocionalmente desengajados, e sua imersão ativa no sistema familiar é essencial para o processo terapêutico dialético. A Terapia Familiar Arquetípica tenta alcançar uma síntese entre a neutralidade esboçada anteriormente e o necessário envolvimento do terapeuta. Essa questão também é semelhante ao debate sobre o papel da transferência na psicoterapia junguiana individual (Spiegelman, 1980): os terapeutas são "telas em branco" nas quais os pacientes projetam sua transferência ou estão ativamente envolvidos em uma interação com os analisandos? A metáfora alquímica da terapia de Jung (1946b, *CW* 16) torna esse dilema supérfluo. Assim, ao invés de colocar uma dicotomia entre uma ou outra postura (Newman, 1980), é questão de encontrar uma metáfora apropriada (e. g., a alquímica) que permita papéis complementares para esses dois processos importantes na terapia. Esta questão será reexaminada mais adiante.

Histórias de designações arquetípicas

Ao interagir com a família o terapeuta gradualmente encontra várias histórias que os membros contam sobre si mesmos, sobre membros individuais, tornando assim inteligíveis os principais eventos de sua história, o comportamento dos personagens centrais, e assim por diante. É importante aceitar essas histórias como histórias, e não como relatos históricos. Há uma habilidade terapêutica em transformar relatos simples em histórias, que se movem mais livremente no tempo e no espaço e não são fixadas em condições estabelecidas. Portanto, tempo, lugar e *dramatis personae* podem ser substituídos. Movendo-se nessa direção, o terapeuta distingue entre as características da história que são mutáveis e aquelas que são imutáveis. Por exemplo, através das histórias familiares pode-se constatar que naquela família em particular pelo menos uma mulher deve sempre permanecer forte e conduzir o restante da família em tempos de crise; ou, em outro exemplo, sempre será necessário haver um jovem que deverá trair a família. Esses tipos de características imutáveis podem ser comparados a vigas centrais em casas que devem permanecer sempre imóveis; alternâncias e reformas podem ocorrer desde que essas vigas centrais sejam mantidas intactas. Da mesma forma com as famílias, algumas características centrais parecem precisar permanecer no lugar a todo custo. As implicações dessa percepção, é claro, é que os membros da família recebem combinações designadas de papéis arquetípicos, de modo que o cenário familiar garante que a(s) característica(s) centrais sejam mantidas. As histórias das "vigas familiares centrais" também revelam os sistemas de crenças que a família mantém, que se conectam com a constelação particular de imagens arquetípicas que operam ao longo do tempo. Ao identificar tais tendências, o terapeuta, em certo sentido, relaciona-se com o que pode ser chamado de *destino arquetípico* da família naquele momento.

Além da identificação dos temas autorreferentes e arquetípicos familiares mencionados anteriormente, o terapeuta precisará apreciar sua própria posição dentro dessa rede arquetípica e seu próprio papel designado em termos das histórias de "vigas familiares". O principal instrumento de que o terapeuta dispõe para averiguar isso é sua própria contratransferência. Este não é um exercício intelectual baseado na teoria. O terapeuta precisa quase se permitir deslizar para um estado menos vigilante e então se flagrar (por assim dizer) experimentando certos sentimentos, pensamentos ou reações que devem ser guardados em segurança. Mais tarde, em um estado mais autorreflexivo e vigilante, o terapeuta examina o significado dessas respostas em si mesmo e as conecta com a situação terapêutica. Dessa forma, o terapeuta toma consciência de sua própria posição dentro do sistema terapêutico.

Esse processo é muito delicado e o terapeuta precisa distinguir o impacto geral sobre si mesmo quase no nível corporal. Isso é comparável à expressão "encarnação do arquétipo" de Plaut (1974; 1993). No entanto, deve-se esclarecer imediatamente que o uso deste termo é uma aproximação do termo analítico; no trabalho analítico individual, uma elaboração desse processo requer sessões intensas e frequentes por um período mais longo, enquanto na TFA ocorre um processo análogo que pode ser trabalhado no contexto de sessões de terapia menos frequentes e por um período mais curto. Assim sendo, deve-se ter cautela ao transpor este conceito para os diferentes contextos terapêuticos de trabalho com famílias, nas quais há uma rede de inter-relações entre os indivíduos e também entre as imagens arquetípicas. Desnecessário dizer que não basta apenas identificar, num amplo sentido, qual arquétipo particular o terapeuta está encarnando no momento, na percepção da família. O processo é muito mais complicado e talvez não seja possível identificar um arquétipo específico que o terapeuta encarna, embora seja provável que haja uma tendência imaginativa apontando para alguma coerência temática. Além disso, é essencial apreciar as implicações que essa encarnação particular tem para toda a rede de inter-relações familiares. Em outras palavras, o terapeuta observa, vivencia e articula o impacto recíproco desse processo sobre a família e ele.

Dilemas do terapeuta

Entre os muitos dilemas que o terapeuta enfrentará estarão aqueles relacionados à aceitação ou rejeição do papel ditado pela designação arquetípica em sua formulação existente. No entanto, as alternativas não se limitam a essas duas opções. O terapeuta pode, de fato, inverter o papel. Por exemplo, se lhe for atribuído o papel de "protetor" pela constelação familiar, ele poderá considerar mais apropriado, em certas ocasiões e quando necessário, reverter o papel para o de "observador passivo". O efeito diferencial que pode então ser criado por essas abordagens contrastantes tem a faculdade de permitir que a família aprecie, de maneira direta e experiencial, as expectativas arquetípicas que a organizam como família. Além disso, o terapeuta tem outras opções. Pode se recusar a participar ativamente de qualquer papel definido, mas, em contrapartida, pode interagir com a família a partir da posição hipotética de fazer perguntas *como se* estivesse em uma ou outra posição definida. O diálogo diferencial que resultará dessa apreciação do dilema levará ele mesmo a uma perspectiva diferente dentro da qual o dilema não será mais vivenciado como necessariamente intratável. Em outras palavras, o dilema do terapeuta – aceitar ou rejeitar o papel que a *designação arquetípica* lhe impõe – inevitavelmente será vivenciado também pela família. Assim, esse diálogo será tanto interno (dentro do terapeuta) quanto compartilhado com e dentro da família. Pode assumir a forma de perguntas hipotéticas dirigidas aos membros da família, como: "Se eu não sugerisse maneiras de protegê-la da raiva de seu marido, como isso afetaria seu relacionamento com sua filha?" O ponto importante aqui, aceitando a hipótese das estruturas coletivas de significado, é que se aprecia, além da interação nos níveis externos, interpessoais, que também há outro nível, mais profundo, que deriva das redes impessoais e arquetípicas.

Reformas

Em todo trabalho de reforma há uma combinação de destruir certas seções, construir novas, reparar seções antigas e criar novas conexões e divisões entre as diferentes seções de uma estrutura. No entanto, em todo este trabalho não se pode esquecer as vigas principais! Qualquer entusiasmo descuidado na reconstrução que ignorasse essas vigas levaria ao desastre. É preciso, portanto, sempre respeitar as vigas principais; nossa própria segurança depende delas. Alguns dos principais conflitos e tragédias que se desenrolam em famílias decorrem dos esforços de Sísifo em favor de certos membros da família indo contra essas vigas. Assim, a tarefa do terapeuta é encontrar formas de criar um contexto onde seja mantido um respeito genuíno e apropriado por essas vigas centrais. Se o terapeuta e/ou a família adotarem qualquer outra atitude em relação às vigas principais, os resultados podem ser catastróficos. Exemplos de tais atitudes inadequadas incluem aceitação fatalista, ataque rebelde, negação, uma postura passivo-agressiva e uma onipotência exagerada em relação a elas.

Em última análise, toda transformação terapêutica precisa equilibrar *mudança* com *estabilidade*. Muito ou pouco de qualquer uma delas criará sofrimento desnecessário, o que pode levar a um comportamento sintomático. Uma atitude de respeito apropriado para com o poder das designações arquetípicas facilita o surgimento de uma nova epistemologia familiar, dentro da qual o respeito pelas partes estáveis do sistema é complementado com uma moderada necessidade de mudança apropriada. Trabalhar nestas linhas muitas vezes levará ao surgimento de novos conflitos entre os indivíduos e o coletivo, entre a família e o terapeuta e entre novos conjuntos de alianças. Estes podem não ser necessariamente novos em termos de protagonistas, mas podem ser novos em termos de conteúdo e contexto. Em ocasiões como essas, seria importante que o terapeuta capacitasse a família a não percebê-los como sinal de deterioração da situação; em vez disso, eles precisam ser entendidos em termos das inevitáveis turbulências do trabalho de reforma.

No entanto, como em todas as reformas, é preciso conhecer o projeto e para onde elas levarão. Pode-se dizer que existem dois tipos de terapia: por um lado, existem aquelas que estabelecem objetivos terapêuticos claros – por exemplo, a remoção de certos comportamentos e aquisição de novos e específicos; por outro lado, aquelas terapias em que os objetivos são menos específicos e mais ligados ao desenvolvimento de novos processos. A TFA, semelhante ao trabalho analítico junguiano com clientes individuais, pertence à segunda categoria. Pode-se dizer que o objetivo de ambas as abordagens terapêuticas é o desenvolvimento de uma nova epistemologia em que o indivíduo se conecta significativamente com um todo maior. Jung escreveu sobre esse processo de várias maneiras; por exemplo, confiando na sabedoria do inconsciente, seguindo a psique objetiva, beneficiando-se da correção arquetípica etc. Todas essas expressões transmitem um processo idêntico ao que ocorre na TFA quando os indivíduos se conectam a contextos sistêmicos mais amplos.

Para uma lysis

É difícil falar de cura nos esforços psicoterapêuticos modernos. Isso não significa que a psicoterapia não seja responsável pela mudança de comportamento ou que novas posições – crescimento promissor mais pleno – não sejam encontradas pelos pacientes. O termo grego *lysis* parece ser adequado para descrever as complexidades do resultado terapêutico. *Lysis* é o substantivo derivado do verbo *leo* (desenlaçar, soltar). Aristóteles, em sua *Poética*, usa o substantivo *lysis* para se referir ao fim da tragédia e, nesse contexto, significa a "solução", a "resolução". No entanto, na mesma obra, Aristóteles a contrasta com *desis* (1965, p. 55b24), que significa o contrário; ou seja, enredar, amarrar. Assim, *lysis* como *desenredar*, parece ser uma metáfora útil para a terapia, em que nenhuma nova *dramatis personae* precisa ser adicionada e nenhuma parte existente precisa ser cortada. Em vez disso, os materiais existentes são reembaralhados de forma que o nó seja desembaraçado e a corda fique disponível para melhor uso.

Ao desvendar uma história nós a liberamos para ser reutilizada de uma forma diferente. A história é maior do que suas partes trágicas e a corda é maior do que o nó. Da mesma forma, os conflitos individuais se encaixam em um todo maior, um cenário arquetípico mais amplo que não precisa ser rejeitado porque também contém a libertação. A nova epistemologia emergente da família permite que os seus membros apreciem que o "sistema é maior do que os indivíduos" e que sua própria liberdade ou desvinculação do sistema não exige sua destruição. No entanto, de maneira aparentemente paradoxal, ao mesmo tempo em que o nó é desfeito, o próprio sistema muda. A nova epistemologia familiar permite que os membros da família vivenciem direta e experiencialmente sua interconexão e, assim, torna mais gerenciável o poder dominante dos impulsos arquetipicamente orquestrados. Desse modo, cada membro da família pode cada vez mais se relacionar com os outros dentro e fora dela, de maneira mais individuada e autônoma, além dos limites do repertório restritivo da constelação arquetípica.

Essa abordagem tem paralelos com a teoria de Bateson (1973) sobre o "poder maior do que o eu", que foi ilustrada por seu trabalho sobre o alcoolismo. Bateson observou que a virada terapêutica para o alcoólatra ocorre no momento em que ele "chega ao fundo do poço" e percebe que, na verdade, não tem controle sobre a bebida. Enquanto o alcoólatra acredita em sua capacidade de parar de beber, ele vive com uma falsa esperança e não pode aceitar o fato de que seu beber é maior do que ele. Uma vez que "chega ao fundo do poço" e perde a esperança, então, o estado de rendição que se segue lhe permite desenvolver uma nova epistemologia dentro da qual ele aprecia sua relativa impotência. Essa mesma percepção é também sua verdadeira esperança de mudança. É nesse momento que o alcoólatra pode ter uma experiência direta do fato de que seu beber não está localizado em si mesmo, mas que ele próprio está localizado no contexto mais amplo em que está localizado seu beber. Em outras palavras, o sistema que compreende as contingências de seu beber e de si mesmo é maior do que seu próprio "eu" individual. Essa percepção rompe a separação entre ele e "seu problema" e os inter-relaciona dentro de um contexto sistêmico mais amplo; é isso que a nova epistemologia lhe permite perceber, e isso provavelmente resultará no afrouxamento do poder do laço arquetípico.

A nova epistemologia familiar implica a *correção arquetípica* de egos individuais em sintonia com contextos sistêmicos. De uma forma que lembra a teoria junguiana, Bateson aborda a resolução de um problema através do desenvolvimento de uma nova epistemologia que contorna uma formulação (tanto intrapessoal quanto interpessoal) causal e unidimensional. Isso requer a apreciação poética de que o sistema é mais poderoso do que o indivíduo, que o arquétipo é mais forte do que um desejo individual, que o complexo nos possui em vez de possuirmos o complexo, e que o sonho é sonhado conosco, em vez de sonharmos o sonho.

Vinheta clínica

A seguinte e breve vinheta clínica destina-se a fornecer uma ilustração de alguns dos processos descritos anteriormente. Um caso clínico mais completo, de acordo com uma forma anterior da TFA, é descrito em detalhes em outro lugar (Papadopoulos & Saayman, 1989).

Karen foi encaminhada a mim, na minha qualidade de psicólogo clínico/terapeuta familiar no Serviço Nacional de Saúde Britânico, por seu clínico geral de família, que me pediu para tratar sua *fobia à Aids*. Ela estava se aproximando dos 16 anos e frequentava uma prestigiosa escola paroquial, onde era uma excelente aluna. Seus pais estavam em pânico porque Karen, sem motivo aparente, começou a temer que ela *pegasse Aids*. Como resultado, ela estava lavando as mãos excessivamente, a ponto de a pele descascar.

Pedi para me encontrar com toda a família da garota, como sempre, explicando que gosto de ter uma visão mais completa possível do problema. Ela foi trazida por seus pais: seu pai tinha cerca de 65 anos, um engenheiro de fala mansa; e sua mãe estava na casa dos 50 anos, uma mulher enérgica que alguns anos antes havia mudado de carreira e passara de professora para corretora da bolsa. O problema era concreto e precisava de atenção urgente. A mãe estava pedindo conselhos práticos diretos e o pai parecia desesperado. Karen ficou um pouco atordoada com todo o caso e não sabia como entender o que estava acontecendo. Racionalmente, ela sabia que não havia motivo para preocupação (ou seja, ela não havia tido nenhum tipo de experiência sexual nem fora exposta a outras situações de contágio); ainda assim, ela estava apavorada e confusa.

Mantendo meu foco em suas preocupações diretas sobre o sintoma, explorei o contexto familiar mais amplo em termos de como eles percebiam o problema e que efeito sentiam que isso tinha sobre eles. Karen era filha única e seus pais tinham vários irmãos que eram um tanto distantes. A família era bastante isolada e cada membro levava uma vida bastante independente, perseguindo sua carreira. Gradualmente, foi surgindo que pai e filha estavam prestes a passar por mudanças radicais em suas vidas. O pai iria se aposentar dali a alguns meses e, mais ou menos na mesma época, Karen concluiria seu curso na escola. Digno de nota, o pai não sabia exatamente o que faria após a aposentadoria e, da mesma forma, Karen tinha várias ideias, mas nenhum plano concreto sobre o que fazer após a formatura. Parecia-me que todos os três estavam achando difícil contemplar as mudanças substanciais prestes a ocorrer em toda a família.

Senti muito carinho por todos eles, que também pareciam ter sentimentos recíprocos em relação a mim. Achei-os muito simpáticos e percebi que a afeição e o tipo particular de cuidado que me peguei tendo por eles tinham o calor da preocupação de um avô. As primeiras sessões transcorreram sem problemas, e todos me acompanharam para examinar a maneira como se relacionavam com o sintoma trágico. Nesse meio-tempo, sua ênfase no sintoma diminuiu e todos pareciam extremamente ansiosos para experimentar sua recém-descoberta capacidade de se comunicar uns com os outros. Durante todo esse tempo, fiquei preocupado com a natureza violenta do sintoma. Pude entender que se referia a mudanças iminentes na família. No entanto, o sintoma se referia a um tipo violento de mudança com consequências potencialmente fatais. Enquanto estava preocupado com essas ideias, descobri que quinze anos antes o pai havia sofrido um leve ataque cardíaco, do qual eles haviam se esquecido por completo. Quando usei essa informação e disse que eles deveriam estar, de alguma forma, preocupados com a saúde do pai após a aposentadoria, todos eles – para minha surpresa – ficaram com lágrimas nos olhos.

Nas sessões subsequentes conversamos sobre a oportunidade que o sintoma lhes oferecia para se reunirem em família antes das grandes mudanças da aposentadoria do pai e a possível saída de Karen de casa, e se relacionarem de uma forma que nunca haviam feito antes. Eles estavam extremamente engajados e sua atenção ao sintoma estava diminuindo constantemente. No fim das sessões, a mãe invariavelmente dizia algo como: "A propósito, Karen parece estar lavando menos as mãos agora".

Cerca de um mês antes da formatura de Karen, minha secretária me informou que a família havia telefonado para cancelar a sessão porque o pai havia morrido repentinamente. Ele teve um ataque cardíaco fulminante. O leitor pode imaginar o choque que senti ao ouvir a notícia. No entanto, também estava cheio de admiração. Nosso trabalho, de fato, toca os mistérios da vida e da morte. Várias semanas depois, recebi uma carta comovente da mãe me agradecendo pela oportunidade que lhes ofereci de "tornarem-se uma família de verdade" antes da morte de seu marido. Ela também mencionou que Karen havia parado de lavar as mãos compulsivamente.

Há muitas observações que se poderia fazer sobre este caso. Talvez a mais importante seja sobre a metodologia: qualquer abordagem causal levaria a conclusões sem sentido. A terapia não causou a morte do pai nem sua doença cardíaca causou o sintoma de Karen. Todos esses eventos, assim como as imagens e sentimentos vivenciados por todos nós (terapeuta e família), estavam conectados de fato, mas não de forma redutiva e causal. Jung teria chamado isso de *sincronístico*, e os terapeutas familiares sistêmicos de *sistêmico*. Talvez eles estejam falando sobre a mesma coisa, mas de perspectivas diferentes.

Uma abordagem terapêutica diferente poderia ter se concentrado nas conotações sexuais no relacionamento entre Karen e seu pai. Obviamente, havia com certeza conflitos sexuais não resolvidos dentro de Karen, bem como temas edipianos em conexão com os três. Outra abordagem poderia ter se concentrado nas trocas entre eles para encontrar formas mais adequadas de comunicação. A TFA nos permitiu utilizar os aspectos interacionais da rede de imagens arquetípicas de forma a facilitar as mudanças familiares e individuais. O significado do sintoma foi apreciado em suas dimensões imagéticas e interacionais.

Quase sinto a necessidade de me desculpar pela natureza dramática desse exemplo clínico. Obviamente, nem todo trabalho terapêutico tem um resultado tão surpreendente. No entanto, esta vinheta parece criar um impacto que possibilitaria ao leitor relacionar-se mais diretamente com o material apresentado. Portanto, qualquer discussão mais detalhada, isolando processos específicos para fins didáticos, pareceria supérflua.

Resumo

Como deve ter ficado aparente, as premissas centrais da TFA são também os pontos em que a psicologia analítica de Jung e a terapia familiar sistêmica moderna convergem: todos estão interconectados e é difícil isolá-los. No entanto, podem ser resumidos da seguinte forma:

O significado do sintoma

O sintoma não é um resultado sem sentido de um infortúnio acidental e, portanto, a ênfase da terapia não pode ser sua remoção a todo custo. O sintoma tem um significado não apenas para a pessoa que o carrega, mas também para sua família. Ao colocá-lo em seus contextos coletivos/sistêmicos e imagéticos/narrativos mais amplos, podemos nos conectar com seu significado e, possivelmente, com seu propósito.

Posição do terapeuta

O terapeuta não é um observador objetivo externo que oferece sua experiência de uma forma desapegada e técnica. Ele é parte do sistema e, portanto, não tem escolha a não ser acessar suas próprias respostas humanas à situação. A metáfora alquímica da terapia de Jung e a imagem do curador ferido são apenas dois exemplos dessa consciência.

Si-mesmo e os outros

Abordagens individualistas ou exclusivamente intrapsíquicas dos problemas são insuficientes. O indivíduo, para as abordagens junguiana e sistêmica, não é uma entidade isolada; esse indivíduo é definido em termos dos outros e de estruturas mais amplas que contêm tanto o si-mesmo quanto o outro. Assim, o si-mesmo e o outro não só estão em constante interação com eles próprios, mas também com as diversas Estruturas Coletivas de Significado (arquétipos, imagens, sistemas ideológicos e sociais etc.). Portanto, paciente e terapeuta só podem trabalhar de forma significativa se puderem se localizar em contextos sistêmicos mais amplos dentro dos quais estão contidos. Isso significa que a terapia é uma atividade multidimensional, incluindo perspectivas intrapsíquicas, interpessoais, socioculturais, imagéticas, ecológicas, políticas e outras.

Metodologia

Para poder se mover livremente entre esses contextos, o terapeuta precisará abandonar quaisquer metodologias unilaterais, como abordagens redutivas, causais e lineares. Tanto Jung quanto os terapeutas familiares atacaram essas metodologias unidimensionais e tentaram articular alternativas para elas: Jung apresentou as ideias de *sincronicidade*, o método *e/e em vez de ou/ou* e *a união de opostos*, para citar apenas alguns; e terapeutas familiares sistêmicos escreveram sobre epistemologias *circulares, sistêmicas, não lineares*.

Estruturas arquetípicas e sistêmicas

Ambas as estruturas se referem a totalidades mais amplas dentro das quais os indivíduos se inter-relacionam. A dimensão interacional do arquétipo e a dimensão intrapsíquica do sistema parecem ter sido negligenciadas ou pouco enfatizadas. A TFA tenta reconectar as duas de uma forma que ambas possam se beneficiar uma da outra. As ideias sobre Estruturas Coletivas de Significado e Rede de Imagens Arquetípicas parecem ser frutíferas em transmitir o melhor dos dois mundos dentro de uma nova estrutura teórica coerente com a aplicabilidade clínica direta.

Epílogo

Em um artigo de 1985, apropriadamente intitulado "Extending the family (from entanglement to embrace)", James Hillman atacou justificadamente o mito predominante no mundo ocidental, segundo o qual a família é percebida como uma gaiola restritiva para o indivíduo. O mesmo mito "insiste que o ego é fortalecido e a personalidade plena alcançada longe dos laços e pressões familiares" (p. 7). Hillman acusou os teóricos sociológicos, psicanalíticos e do desenvolvimento por essa visão distorcida da família. Ainda assim, ele não atribui qualquer responsabilidade aos psicólogos analíticos por apoiarem implícita ou explicitamente e até mesmo alimentarem tal mito com suas desconfianças do coletivo mal compreendido. No entanto, ele parece assumir a responsabilidade de demonstrar que uma abordagem adequada da psicologia analítica não pode tolerar tal mito. A essência de seu artigo era, portanto, "transformar a fraqueza do aprisionamento à família pessoal em um reconhecimento arquetípico da família como a metáfora suprema para sustentar a condição humana" (p. 6).

Uma tentativa paralela de reabilitar a família dentro da psicologia analítica foi empreendida por Papadopoulos em seu artigo sobre "Adolescents and Homecoming" (1987). Dentro de uma estrutura diferente daquela de Hillman, Papadopoulos defendeu a extensão da noção de "regresso ao lar" para além de seu estreito significado literário e regressivo, e para a inclusão de um potencial teleológico e sistêmico mais positivo. Central para esse argumento foi uma leitura de *A odisseia,* segundo a qual a luta de Odisseu para voltar ao lar não foi vista como uma aventura individualista "heroica", mas apreciada no contexto de restabelecimento das relações significativas de Odisseu dentro da rede de suas próprias famílias: a nuclear, a estendida e a "arquetípica".

A intenção deste capítulo, em sintonia com esses dois artigos, não é apenas apresentar uma forma de como uma abordagem junguiana para o trabalho com famílias pode ser desenvolvida, mas também argumentar que uma estrutura arquetípica não pode ignorar as estruturas sistêmicas organizadoras que interagem em todos os níveis com o que é percebido como o mundo intrapsíquico do indivíduo. Isso significa que considerações sistêmicas mais amplas são endêmicas a qualquer abordagem arquetípica e, portanto, a família, em toda a sua panóplia imagética, não pode ser negligenciada. Além disso, é importante enfatizar que as semelhanças entre uma abordagem arquetípica e as abordagens modernas de terapia familiar sistêmica não se restringem ao conteúdo real de suas teorias e práticas, mas também incluem a própria epistemologia que as informa.

Em última análise, o conteúdo e a epistemologia de qualquer abordagem terapêutica devem estar em harmonia, informando-se mutuamente. Por exemplo, quando se aborda a família a partir de uma perspectiva pessoal, é apropriado adotar uma epistemologia mais linear, histórica e causal-redutiva. Por outro lado, um terapeuta com uma epistemologia causal-redutiva implícita ou explícita iria forçosamente abordar a família a partir de uma perspectiva pessoal. Isso significa que aquilo que constituiria evidência nesse trabalho psicológico específico seriam questões de causalidade histórica. Por exemplo, a ênfase seria dada à investigação de características específicas dos pais e seus próprios conflitos psicológicos não resolvidos. Estes seriam aceitos como causadores da situação atual do paciente individual de forma linear. Inerente a essa abordagem estaria a suposição de que o indivíduo precisaria se libertar da "armadilha" da família para atingir o estado ideal de independência. No entanto, se adotássemos uma abordagem mais arquetípica, a epistemologia inerente seria mais "circular" ou sincronística; e vice-

-versa, uma epistemologia não linear ditaria considerações arquetípicas mais amplas. Isso significaria que a causa e o efeito não seriam vistos como sequenciais de forma linear e causal. Como já foi dito por muitos autores e de diferentes formas, não é apenas o passado que molda o presente, mas também o presente que molda o passado. Isso porque não se pode reificar esses conceitos em um molde estático. O passado não é um conjunto indiscutível de fatos históricos, mas depende de como a pessoa o define agora. Assim, a corrente situação difícil do paciente não seria aceita como resultado passivo de causas anteriores que poderiam ser investigadas redutivamente a partir da própria história do indivíduo; mas seria apreciado que a influência seria mútua e interacional e, portanto, circular. Além disso, tanto o indivíduo quanto sua família, na medida em que também pertencem a uma rede organizadora mais ampla, também irão interagir com esses domínios. Essas considerações epistemológicas são parte integrante de uma abordagem arquetípica e constituem uma área comum às terapias familiares sistêmicas.

O próprio Jung tinha plena consciência da importância do contexto epistemológico que informa nossas práticas terapêuticas. Em 1935, motivado pela "acusação [...] de que a psicoterapia mais recente" (com a qual ele se identificava) "se preocupa demais com os problemas filosóficos e não o suficiente com as minúcias dos casos clínicos" (§ 1.042, *CW* 10), ele advertiu sobre os perigos de abandonar nossa vigilância epistemológica:

> O intelecto empírico, ocupando-se com as minúcias das histórias de casos, involuntariamente importa suas próprias premissas filosóficas não apenas para o processo, mas também para o julgamento do

> material e até mesmo para a apresentação aparentemente objetiva dos dados (1935, *CW* 10, § 1.042).

Mais adiante, ele observou que "um sistema de cura que falha em levar em conta os *coletivos de representação* de natureza política, econômica, filosófica ou religiosa que marcam a época, ou que se recusa assiduamente a reconhecê-los como forças reais, dificilmente merece o nome de terapia" (1935, *CW* 10, § 1.043). Estas palavras fortes refletem a sensibilidade notavelmente moderna de Jung para a importância das considerações epistemológicas em relação às nossas práticas terapêuticas. No entanto, psicólogos analíticos depois dele foram relutantes ou incapazes de seguir essa sensibilidade. E nos deparamos hoje com a situação de que são principalmente os terapeutas familiares sistêmicos que continuam nas orientações epistemológicas junguianas. Talvez, a velha acusação de que os analistas junguianos são muito *filosóficos* e não suficientemente *clínicos* não tenha perdido seu veneno paralisante, afinal!

Referências

Aristóteles (1965). *De arte poetica liber* (Ed. de R. Kassel). Clarendon.

Bateson, G. (1973). The cybernetics of "self: a theory of alcoholism". *Steps to an Ecology of Mind* (pp. 280-308). Paladin.

Bernstein, J. (1992). Beyond the personal: analytical psychology applied to groups and nations. In R. K. Papadopoulos (ed.). *C. G. Jung: Critical Assessments* (Vol. 4). Routledge, pp. 22-37.

Boyd, R. D. (ed.). (1991). *Personal Transformations in Small Groups – A Jungian Perspective*. Routledge.

Bührmann, M. V. (1984). Tentative views on dream therapy by Xhosa diviners. In R. K. Papadopoulos, & G. S. Saayman (eds.). *Jung in Modern Perspective* (pp. 135-151). Wildwood House.

Bührmann, M. V. (1981). Xhentsa and Inthlombe: a Xhosa healing ritual. *Journal of Analytical Psychology, 26*, 187-201.

Cronen, V. E., & Pearce, W. B. (1985). Towards an explanation of how the Milan method works: an invitation to a systemic epistemology and the evolution of family systems. In D. Campbell e R. Draper (eds.). *Applications of Systemic Family Therapy* (pp. 69-84). Grune and Stratton.

Cunningham, A., & Saayman, G. S. (1984). Effective functioning in dual-career families: an investigation. *Journal of Family Therapy, 6*, 365-380.

Epstein, N. B., & Bishop, D. S. (1981). Problem-centered systems therapy of the family. In S. Gurman, & D. P. Kniskern (eds.). *Handbook of Family Therapy*. (pp. 444-482). Brunner/Mazel.

Faber, P. A. (1990). Archetypal symbolism and the ideology of apartheid. In G. S. Saayman (ed.). *Jung in the Context of Southern Africa*. Sigo.

Faber, P. A., Saayman, G. S., & Papadopoulos, R. K. (1983). Induced waking fantasy: its effects upon the archetypal content of nocturnal dreams. *Journal of Analytical Psychology, 28*, 141-164.

Freud, S. (1914). Observations on transference-love. In S. E. 12 (pp. 159-171). Hogarth, 1958.

Guggenbühl-Craig, A. (1981). *Marriage: Dead or Alive*. Spring.

Hillman, J. (1985). Extending the family (from entanglement to embrace). *Texas Humanist* (mar.-abr.), 6-11.

Jung, C. G. (1963). *Memories, Dreams, Reflections*. Random House.

Jung, C. G. (1954a). Psychological aspects of the mother archetype. In *CW* 9 (Parte I, pp. 75-110). Routledge & Kegan Paul, 1968.

Jung, C. G. (1954b). On the nature of the psyche. In *CW* 8 (pp. 159-234). Routledge & Kegan Paul, 1969.

Jung, C. G. (1952). Synchronicity: an acausal connecting principle. In *CW* 8 (pp. 417-531). Routledge & Kegan Paul, 1969.

Jung, C. G. (1946a). The fight with the shadow. In *CW* 10 (pp. 218-226). Routledge & Kegan Paul, 1970.

Jung, C. G. (1946b). The psychology of the transference. In *CW* 16 (pp. 165-323). Routledge & Kegan Paul, 1966.

Jung, C. G. (1945). After the catastrophe. In *CW* 10 (pp. 194-217). Routledge & Kegan Paul, 1970.

Jung, C. G. (1935). Editorial. Para a *Zentralblatt, 8* (1). In *CW* 10 (pp. 547-551). Routledge & Kegan Paul, 1970.

Jung, C. G. (1931). Marriage as a psychological relationship. In *CW* 17 (pp. 187-201). Routledge & Kegan Paul, 1970.

Jung, C. G. (1927). Women to Europe. In *CW* 10 (pp. 113-133). Routledge & Kegan Paul, 1970.

Jung, C. G. (1916). General aspects of dream psychology. In *CW* 8 (pp. 237-280). Routledge & Kegan Paul, 1969.

Jung, C. G. (1910). A contribution to the psychology of rumour. In *CW* 4 (pp. 35-47). Routledge & Kegan Paul, 1973.

Jung, C. G. (1909). The family constellation. In *CW* 2 (pp. 466-479). Routledge & Kegan Paul, 1973.

Kaplan, J., Saayman, G. S., & Faber, P. A. (1981). An investigation of the use of nocturnal dream reports as diagnostic indices in the assessment of family problem solving. *Journal of Family Therapy, 3*, 227-242.

Keeney, B. P. (1983). *Aesthetics of Change*. Guilford Press.

Lacan. J. (1977a). *The Four Fundamental Concepts of* Psycho-analysis (Trad. de A. Sheridan). Hogarth.

Lacan. J. (1977b). *Ecrits: A Selection* (Trad. de A. Sheridan). Tavistock.

Lieberman, S. (1979). *Transgenerational Family Therapy*. Croom Helm.

Mattoon, M. A. (1978). *Applied Dream Analysis: A Jungian Approach*. Wiley.

Mindell, A. (1987). *The Dreambody in Relationships*. Routledge & Kegan Paul.

Newman, K. D. (1980). Counter-transference and consciousness (p. 117-127). Spring.

Odajnyk, V. W. (1976). *Jung and Politics*. Harper & Row.

Palazzoli, M. S., Boscolo, L., Cecchin, G., & Prata, G. (1980). *Paradox and Counterparadox*. Jason Aronson.

Palazzoli, M. S., Boscolo, L., Cecchin, G., & Prata, G. (1980). Hypothesizing-circularity-neutrality: three guidelines for the conductor of the session. *Family Process, 19*, 3-12.

Papadopoulos, R. K. (1994). Wotan's wrath: Jungian reflections on experiences of working with Bosnian ex-camp prisoners. Palestra realizada na Association of Jungian Analysts.

Papadopoulos, R. K. (1987). *Adolescents and Homecoming*. Guild of Pastoral Psychology.

Papadopoulos, R. K. (1984). Jung and the concept of the other. In R. K. Papadopoulos, & G. S. Saayman (eds.). *Jung in Modern Perspective* (pp. 54-88). Wildwood House.

Papadopoulos, R. K. (1980). The dialectic of the other in the psychology of C. G. Jung: a metatheoretical investigation. Tese de doutorado. University of Cape Town.

Papadopoulos, R. K. (ed.). (1992). *C. G. Jung: Critical Assessments*. 4 vol. Routledge.

Papadopoulos, R. K., & Saayman, G. (1989). Towards a Jungian approach to family therapy. *Harvest: Journal for Jungian Studies, 35*, 95-120.

Plaut, A. (1993). *Analysis Analysed – When the Map becomes the Territory*. Routledge.

Plaut, A. (1974). The transference in analytical psychology. In M. Fordham, R. Gordon, J. Hubback, & Lambert, K. (eds.). *Technique in Jungian Analysis* (pp. 152-160). Heinemann.

Progoff, I. (1969). *Jung's Psychology and Its Social Meaning*. Julian.

Rychlak, J. F. (1984). Jung as dialectician and teleologlst. In R. K. Papadopoulos, & G. S. Saayman (eds.). *Jung in Modern Perspective*. Wildwood House, pp. 34-53.

Rychlak, J. F. (1981). *Personality and Psychotherapy*. Houghton Mifflin.

Saayman, G. S., Faber, P. A., & Saayman, R. V. (1988). Archetypal factors revealed in the study of marital breakdown: a Jungian perspective. *Journal of Analytical Psychology, 33*, 253-276.

Samuels, A. (1993). *The Political Psyche*. Routledge.

Samuels, A. (1985). *Jung and the Post-Jungians*. Routledge & Kegan Paul.

Shands, H. C. (1971). *The War with Words*. Mouton.

Shuttleworth-Jordan, A., Saayman, G. S., & Faber. P. A. (1988). A systematised method for dream analysis in a group setting. *International Journal of Group Psychotherapy, 38*, 473-489.

Spiegelman, J. M. (1980). *The image of the Jungian analyst and the problem of authority* (pp. 101-116). Spring.

Stevens, A. (1986). *Witheymead: A Jungian Community for the Healing Arts*. Coventure.

Stevens, A. (1982). *Archetype: A Natural History of the Self.* Routledge & Kegan Paul.

Strubel, R. (1980). Individuation and group. In J. Beebe (ed.). *Proceedings of the Eighth International Congress for Analytical Psychology* (pp. 287-297). Bonz, 1983.

Vetere, A. (1987). General system theory and the family: a critical evaluation. In A. Vetere, & A. Gale (eds.). *Ecological Studies of Family Life* (pp. 18-33). John Wiley.

Watzslawick, P., Beavin, J., & Jackson, D. *Pragmatics of Human Communication*. W. W. Norton.

Young-Eisendrath, P. (1984). *Hags and Heroes: A Feminist Approach to Jungian Psychotherapy with Couples*. Inner City.

Zinkin, L. (1994). The dialogical principle in group analysis and analytical psychology. *Harvest: Journal for Jungian Studies, 40*, 7-24.

Coleção Reflexões Junguianas
Assessoria: Dr. Walter Boechat

- *Puer-senex – Dinâmicas relacionais*
Dulcinéa da Mata Ribeiro Monteiro (org.)
- *A mitopoese da psique – Mito e individuação*
Walter Boechat
- *Paranoia*
James Hillman
- *Suicídio e alma*
James Hillman
- *Corpo e individuação*
Elisabeth Zimmermann (org.)
- *O irmão: psicologia do arquétipo fraterno*
Gustavo Barcellos
- *Viver a vida não vivida*
Robert A. Johnson e Jerry M. Ruhl
- *Re-vendo a psicologia*
James Hillman
- *Sonhos – A linguagem enigmática do inconsciente*
Verena Kast
- *Introdução à Psicologia de C.G. Jung*
Wolfgang Roth
- *O encontro analítico*
Mario Jacoby
- *O amor nos contos de fadas*
Verena Kast
- *Psicologia alquímica*
James Hillman
- *A criança divina*
C.G. Jung e Karl Kerényi
- *Sonhos – Um estudo dos sonhos de Jung*
Marie-Louise von Franz
- O livro grego de Jó
Antonio Aranha
- *Ártemis e Hipólito*
Rafael López-Pedraza
- *Psique e imagem*
Gustavo Barcellos
- *Sincronicidade*
Joseph Cambray
- *A psicologia de C.G. Jung*
Jolande Jacobi
- *O sonho e o mundo das trevas*
James Hillman
- *Quando a alma fala através do corpo*
Hans Morschitzky e Sigrid Sator
- *A dinâmica dos símbolos*
Verena Kast
- *O asno de ouro*
Marie-Louise von Franz
- *O corpo sutil de eco*
Patricia Berry
- *A alma brasileira*
Walter Boechat (org.)
- *A alma precisa de tempo*
Verena Kast
- *Complexo, arquétipo e símbolo*
Jolande Jacobi
- *O animal como símbolo nos sonhos, mitos e contos de fadas*
Helen I. Bachmann
- *Uma investigação sobre a imagem*
James Hillman
- *Desvelando a alma brasileira*
Humbertho Oliveira (org.)
- *Jung e os desafios contemporâneos*
Joyce Werres
- *Morte e renascimento da ancestralidade da alma brasileira*
Humbertho Oliveira (org.)
- *O homem que lutou com Deus*
John A. Sanford
- *O insaciável espírito da época*
Humbertho Oliveira, Roque Tadeu Gui e Rubens Bragarnich (org.)
- *A vida lógica da alma*
Wolfgang Giegerich
- *Filhas de pai, filhos de mãe*
Verena Kast
- *Abandonar o papel de vítima*
Verena Kast
- *Psique e família*
Editado por Laura S. Dodson e Terrill L. Gibson
- *Dois casos da prática clínica de Jung*
Vicente L. de Moura

Vozes de Bolso

EDITORA VOZES LTDA.
Rua Frei Luís, 100 – Centro – Cep 25689-900 – Petrópolis, RJ
Tel.: (24) 2233-9000 – E-mail: vendas@vozes.com.br